ନୋବେଲ ପୁରସ୍କାର ବିଜେତା

ପାବ୍ଲୋ ନେରୁଦା

ଅଧିନାୟକଙ୍କ ପଦାବଳୀ

ପ୍ରଶ୍ନ ପୋଥି

ନୋବେଲ ପୁରସ୍କାର ବିଜେତା

ପାବ୍ଲୋ ନେରୁଦା

ଅଧିନାୟକଙ୍କ ପଦାବଳୀ

ଇଂରେଜୀ

ଡୋନାଲ୍ଡ ଡି. ୱାଲ୍ସ

ପ୍ରଶ୍ନ ପୋଥି

ଇଂରେଜୀ

ଉଇଲିୟମ ଓ' ଡାଲି

ଓଡ଼ିଆ ଅନୁବାଦ

ମନୋରଂଜନ ପଟ୍ଟନାୟକ

ବ୍ଲାକ୍ ଇଗଲ୍ ବୁକ୍ସ
ଭୁବନେଶ୍ୱର, ଓଡ଼ିଶା

BLACK EAGLE BOOKS
Dublin, USA

ପାବ୍ଲୋ ନେରୁଦା :
ଅଧିନାୟକଙ୍କ ପଦାବଳୀ / ଇଂରେଜୀ- ଡୋନାଲ୍ଡ ଡି. ୱାଲ୍ସ
ପ୍ରଶ୍ନ ପୋଥି / ଇଂରେଜୀ- ଉଇଲିୟମ ଓ' ଡାଲି
ଓଡ଼ିଆ ଅନୁବାଦ- ମନୋରଂଜନ ପଟ୍ଟନାୟକ

 BLACK EAGLE BOOKS

USA address:
7464 Wisdom Lane
Dublin, OH 43016

India address:
E/312, Trident Galaxy, Kalinga Nagar,
Bhubaneswar-751003, Odisha, India

E-mail: info@blackeaglebooks.org
Website: www.blackeaglebooks.org

First International Edition Published by
BLACK EAGLE BOOKS, 2024

PABLO NERUDA:
ADHINAYAKNKA PADABALI / English- **Donald D. Wals**
BOOK OF QUESTIONS / English- **William O' Dali**
Odia Translated by **Manoranjan Pattanayak**

Odia Translation Copyright © **Manoranjan Pattanayak**

All rights reserved. No part of this publication may be reproduced, stored in a retrieval system, or transmitted, in any form or by any means, electronic, mechanical, photocopying, recording or otherwise without the prior permission of the publisher.

Cover & Interior Design: Ezy's Publication

ISBN- 978-1-64560-569-0 (Paperback)

Printed in the United States of America

ବାପା, ବୋଉଙ୍କ ସ୍ମୃତିରେ ଉତ୍ସର୍ଗୀକୃତ
ବାବୁନି

ଭୂମିକା

ରିକାର୍ଦୋ ଏଲିସାର ନେଫତାଲି ରେଇୟେସ୍ ବାସୋୟାଲତୋ (୧୨ ଜୁଲାଇ ୧୯୦୪ - ୨୩ ସେପ୍ଟେମ୍ବର ୧୯୭୩) ଯିଏ ତାଙ୍କର ଛଦ୍ମନାମ ଏବଂ ପରବର୍ତ୍ତୀକାଳରେ ଆଇନସିଦ୍ଧ ନାମ ପାବ୍ଲୋ ନେରୁଦା ନାମରେ ଅଧିକ ପରିଚିତ, ଜଣେ ଚିଲିର କବି, କୂଟନୀତିଜ୍ଞ ଓ ରାଜନୀତିବିଦ୍ ଥିଲେ। ସିଏ ୧୯୭୧ ମସିହାରେ ସାହିତ୍ୟରେ ନୋବେଲ ପୁରସ୍କାର ଅର୍ଜନ କରନ୍ତି। ନେରୁଦା ମାତ୍ର ୧୩ ବର୍ଷରେ କବିତା ଲେଖିବା ଆରମ୍ଭ କରିଥିଲେ। କିନ୍ତୁ ୧୯ବର୍ଷ ପୂର୍ଣ୍ଣହେବା ଆଗରୁ କବି ହିସାବରେ ପରିଚିତି ଲାଭ କରନ୍ତି ଏବଂ ବିଭିନ୍ନ ଧରଣର କବିତା ଲେଖିବା ଆରମ୍ଭ କରନ୍ତି, ତା' ଭିତରେ ଥିଲା ପରାବାସ୍ତବବାଦୀ କବିତା, ଐତିହାସିକ ମହାକାବ୍ୟ, ପ୍ରକାଶ୍ୟ ରାଜନୈତିକ ଇସ୍ତାହାର, ଗଦ୍ୟ ଆତ୍ମ ଜୀବନୀ ଓ ପ୍ରେମ କବିତା।

ନେରୁଦା ତାଙ୍କର ଜୀବଦ୍ଦଶାରେ ବିଭିନ୍ନ ଦେଶର ବହୁ କୂଟନୀତିକ ପଦରେ ଅଧିଷ୍ଠିତ ଥିଲେ ଏବଂ କମ୍ୟୁନିଷ୍ଟ ପାର୍ଟିର ସିନେଟର୍ ହିସାବରେ ଗୋଟିଏ ମିୟାଦ ଦାୟିତ୍ୱ ପାଳନ କରନ୍ତି। ୧୯୪୮ ମସିହାରେ ରାଷ୍ଟ୍ରପତି ଗ୍ରାବିୟେଲ ଗୋନ୍ଜାଲେସ ଭିଦେଲା ଚିଲିରେ କମ୍ୟୁନିଜିମ୍ ଉପରେ ପ୍ରତିବନ୍ଧ ଲଗାଇବାରୁ ନେରୁଦାଙ୍କ ବିରୁଦ୍ଧରେ ପରଓ୍ୱାନା ଜାରି ହୁଏ। ତାଙ୍କ ସାଙ୍ଗମାନେ ତାଙ୍କୁ ବନ୍ଦରନଗରୀ ବାଲପାରାଇସୋର ଗୋଟିଏ ଘରେ ଭୂତଳକୋଠରୀ (bassment) ରେ ମାସେ ପାଖାପାଖି ଲୁଚେଇ କରି ରଖିଲେ ଏବଂ ୧୯୪୯ ମସିହାରେ ସିଏ ସାଉହୁ ହ୍ରଦର ନିକଟବର୍ତ୍ତୀ ଗୋଟିଏ ଗିରିପଥ ଦେଇ ଆର୍ଜେଣ୍ଟିନାକୁ ପଳାଇଯାନ୍ତି। ସିଏ ୩ବର୍ଷ ଯାଏଁ ଆଉ ଚିଲିକୁ ଫେରନ୍ତିନି। ସିଏ ଚିଲିର ସମାଜତାନ୍ତ୍ରିକ ରାଷ୍ଟ୍ରପତି ସାଲଭାଡେର ଆଲେନ୍ଦେଙ୍କର ଘନିଷ୍ଠ ପରାମର୍ଶଦାତା ଥିଲେ ଏବଂ ଷ୍ଟକ୍‌ହୋମ୍‌ରୁ ନୋବେଲ ପୁରସ୍କାର ନେଇ ଚିଲିକୁ ଆସିବା ପରେ ଏସ୍ତାଦିଓ ନାସିଓନାଲରେ ୭୦,୦୦୦ ଲୋକଙ୍କ ସମ୍ମୁଖରେ ତାଙ୍କୁ ବହି ପଢ଼ି ଶୁଣାଇବାକୁ ନିମନ୍ତ୍ରଣ କରନ୍ତି।

ନେରୁଦାଙ୍କୁ ଚିଲିର ଜାତୀୟ କବି ବୋଲି ବିବେଚନା କରାଯାଏ। ତାଙ୍କର ସାହିତ୍ୟ କୃତିଗୁଡ଼ିକ ବିଶ୍ୱବ୍ୟାପୀ ଜନପ୍ରିୟ ଏବଂ ପ୍ରଭାବ ବିସ୍ତାରକାରୀ। କଲମ୍ବୀୟ ଔପନ୍ୟାସିକ ଗାର୍ବିୟେଲ ଗାର୍ସିୟା ମାର୍କେସ ଥରେ ତାଙ୍କୁ "ବିଂଶ ଶତାବ୍ଦୀର ଯେ କୌଣସି ଭାଷାର ଶ୍ରେଷ୍ଠ କବି" ବୋଲି ଅଭିହିତ କରନ୍ତି। ସମାଲୋଚକ ହ୍ୟାଲଲ୍ଡ ବ୍ଲୁମ୍ ତାଙ୍କର The western canon ବହିରେ ନେରୁଦାଙ୍କୁ ପଶ୍ଚିମା ରୀତିର କେନ୍ଦ୍ରିୟ ଲେଖକ ହିସାବରେ ଅନ୍ତର୍ଭୁକ୍ତ କରିଛନ୍ତି।

୧୯୪୯ ମସିହାର ଅନ୍ତବେଳକୁ ତାଙ୍କର କୌଣସି ଶିରାର ରୋଗ (Flabaitis) ର ଗମ୍ଭୀର ସମସ୍ୟା କାରଣରୁ ମେକ୍ସିକୋ ଯାତ୍ରା ଦୀର୍ଘ ହୋଇଥିଲା। ତାଙ୍କ ଦେଖାଶୁଣା କରିବା ପାଇଁ ମାତିଲ୍ ଦେ ଉର୍‌ରୁତିଆ ନାମକ ଜଣେ ଚିଲିର ଗାୟିକାଙ୍କୁ କାମରେ ରଖା ଯାଇଥିଲା ଏବଂ ନେରୁଦା ଓ ମାତିଲ୍‌ଦେଙ୍କ ଭିତରେ ପ୍ରେମ ସମ୍ବନ୍ଧର ଆରମ୍ଭ ହେଲା ଯାହା ଅନେକ ବର୍ଷ ପରେ ବିବାହ ବନ୍ଧନରେ ପରିଣତ ହୋଇଥିଲା। ଥରେ ଚିଲିରୁ ବାହାରକୁ ଆସିଯିବା ପରେ, ନେରୁଦା ଆଗକୁ ଥିବା ୩ବର୍ଷ ନିର୍ବାସନରେ ବିତାଇଲେ। ନେରୁଦା ତାଙ୍କର ନିର୍ବାସନ ସମୟରେ (୧୯୪୮-୧୯୫୨ ମସିହା) ମାତିଲ୍ ଦେ ଉର୍‌ରୁତିଆ ତାଙ୍କ ଛାଇ ପରି ତାଙ୍କ ସହିତ ଗୋଟିଏ ଦେଶରୁ ଅନ୍ୟ ଦେଶକୁ ଯାତ୍ରା କରୁଥିଲେ।

ନିର୍ବାସନ ସମୟରେ ନେରୁଦା ବିଭିନ୍ନ ରାଜନୈତିକ କାର୍ଯ୍ୟରେ ବ୍ୟସ୍ତ ରହି ମଧ୍ୟ କବିତା ଲେଖକୁ ଭୁଲି ନଥିଲେ। ୧୯୫୨ ମସିହାରେ ତାଙ୍କ କବିତା ବହି "ଅଧିନାୟକଙ୍କ ପଦାବଳୀ" (The captain's Verses) ସ୍ପେନୀୟ ଭାଷାରେ ପ୍ରକାଶ ପାଇଥିଲା ଆର୍ଜେଣ୍ଟିନାରୁ ତାଙ୍କର ବନ୍ଧୁ ପାଓଲୀ ରିକ୍କୀଙ୍କ ସାହାଯ୍ୟରେ ଲେଖକଙ୍କ ନାମ ବିନା ପ୍ରକାଶ ପାଇଥିଲା ଇଟାଲୀରୁ। ଏହି ପୁସ୍ତକଟିର ମାତ୍ର ୫୦ଟି କପି ପ୍ରକା ପାଇଥିଲା। ମନେ କରାଯାଏ ଯେ ତାଙ୍କର ବିନା ନାମରେ ଛପାଇବାର ଉଦ୍ଦେଶ୍ୟ ଥିଲା ତାଙ୍କର ସେହି ସମୟର ପତ୍ନୀ (ଦ୍ୱିତୀୟ ପତ୍ନୀ ଡେଲିଆ ଡି କ୍ୟାରିଲ)ଙ୍କର ଭାବନାର ରକ୍ଷା ପାଇଁ। ଏହି ପୁସ୍ତକର ପ୍ରକାଶନର ଖର୍ଚ୍ଚ ଇଟାଲୀର କମ୍ୟୁନିଷ୍ଟ ପାର୍ଟି ବହନ କରିଥିଲେ କମ୍ରେଡ ନେରୁଦାଙ୍କୁ ସମ୍ମାନ ଦେବା ପାଇଁ। ଲେଖକ ଭାବରେ ନେରୁଦାଙ୍କ ନାମ ଦେଇ ଏହି ପୁସ୍ତକଟି ପ୍ରକାଶ ପାଇଥିଲା ଚିଲିରୁ ୧୯୬୩ ମସିହାରେ।

"ଅଧିନାୟକଙ୍କ ପଦାବଳୀ" (The captain's verses) ର ସ୍ଥାନ ପାବ୍ଲୋ ନେରୁଦାଙ୍କ କବିତାରେ ସର୍ବୋପରି। ଏହାର କେନ୍ଦ୍ରରେ ଅଛନ୍ତି ତାଙ୍କର ପ୍ରେମିକା ମାତିଲ୍‌ଦେ ଉର୍‌ରୁତିଆ ନାମ୍ନୀ ଜଣେ ଚିଲିର ମହିଳା, ଯିଏ ବହୁ ବର୍ଷ ଧରି ନେରୁଦାଙ୍କ ପ୍ରେମିକାର ଭୂମିକା ସଫଳତା ସହ ନିର୍ବାହ କରିବା ପରେ ବିବାହ ସୂତ୍ରରେ ଆବଦ୍ଧ

ହୋଇ ତାଙ୍କର ତୃତୀୟ ପତ୍ନୀର ସ୍ଥାନ ଗ୍ରହଣ କଲେ। ନେରୁଦାଙ୍କର ଅତ୍ୟନ୍ତ ସଂବେଦନଶୀଳ ଭାବନାଲୋକରେ ମାତିଲ୍‌ଦେଙ୍କ ମହତ୍ତ୍ୱ ଏଇଥିରୁ ସ୍ପଷ୍ଟ ହୋଇଯାଏ ଯେ "ଅଧିନାୟକଙ୍କ ପଦାବଳୀ" (The captain's verses) ବ୍ୟତୀତ "୧୦୦ଟି ପ୍ରେମର ସନେଟ" (one Hundred sonnets of love) ମଧ୍ୟ ରଚନା କରିଥିଲେ। ସ୍ୱୟଂ ନେରୁଦାଙ୍କ ଭାଷାରେ - "ସିଏ ମୋ ପାଇଁ ଧରଣୀରୁ - ନିଜ ପାଦ, ନିଜ ହାତ, ନିଜ ଆଖି ଓ ନିଜ କଣ୍ଠସ୍ୱରରୁ-ସବୁମୂଳ, ସବୁ ଫୁଲ, ମଧୁର ଗନ୍ଧ ଥିବା ଖୁସୀର ସବୁ ଫଳକୁ କାଢ଼ି କରି ଆଣିଛି" ଆଉ ସିଏ "ମୋ ଗୀତକୁ ଅତି ଉଚ୍ଚ ସ୍ୱରରେ ଗାନ କରୁଛି।"

ଏହା ସତ ଯେ ଏହି ସଂଗ୍ରହ ଅଧିକାଂଶ କବିତାକୁ ନେରୁଦା ଇଟାଲୀର କେପ୍ରୀ ଦ୍ୱୀପର ଅତ୍ୟନ୍ତ ଶାନ୍ତ ଓ ସୁରମ୍ୟ ପ୍ରାକୃତିକ ପରିବେଶରେ ରଚନା କରିଥିଲେ ଏବଂ ମାତିଲ୍‌ଦେଙ୍କ ପ୍ରତି ତାଙ୍କର ଅପାର ପ୍ରେମ, ଚିଲି ସହିତ ଜଡ଼ିତ ଆସକ୍ତି ଏବଂ ସାମାଜିକ ଚେତନାର ଧୁନ୍‌ରେ ଏହାର ବିଷୟବସ୍ତୁ ବିକାଶ ଲାଭ କଲା। କେପ୍ରିର ପ୍ରାକୃତିକ ସୌନ୍ଦର୍ଯ୍ୟରେ ଘେରି ହୋଇ ନେରୁଦା ପ୍ରେମ, ଲିପ୍ସା, କ୍ରୋଧ ଓ ଜୀବନର ଏହି କବିତାଗୁଡ଼ିକୁ ନିଜ ପ୍ରେମିକା ମାତିଲ୍‌ଦେ ଉର୍‌ରୁତିଆଙ୍କୁ ସମ୍ବୋଧନ କରି ଲେଖିଛନ୍ତି। ଏହି ପୁସ୍ତକଟି ସମଗ୍ର ଦୁନିଆର ପ୍ରେମରେ ପ୍ରଭାବିତ ପାଠକମାନଙ୍କ ପାଇଁ ଗୋଟିଏ କ୍ଲାସିକ୍‌ରେ ପରିଣତ ହେଲା- ଭାବୁକ, କାମୁକ ଏବଂ ନୂଆ ପ୍ରେମର ଉର୍ଜାରେ ପରିପୂର୍ଣ୍ଣ।

ନେରୁଦା କହିଛନ୍ତି- "ମୁଁ କୌଣସି ସମାଲୋଚକ ବା ପ୍ରବନ୍ଧକାର ନୁହେଁ। ମୁଁ ସାଧାରଣ କବି ମାତ୍ର। କବିତା ଭିନ୍ନ ଅନ୍ୟଭାଷାରେ କଥା କହିବା ମୋ ପକ୍ଷରେ ଅତ୍ୟନ୍ତ କଷ୍ଟସାଧ୍ୟ କଥା। ଯଦି ମୋତେ ପ୍ରଶ୍ନ କର ମୋର କବିତା କ'ଣ ? ତାହେଲେ ମୋତେ କହିବାକୁ ପଡ଼େ ମୁଁ ଜାଣିନି। କିନ୍ତୁ ଯଦି ମୋ କବିତାକୁ ପ୍ରଶ୍ନ କର ସିଏ ଜବାବ ଦେବ, ମୁଁ କିଏ।"

ସୂଚିପତ୍ର

ଭୂମିକା ୦୭

ଅଧିନାୟକଙ୍କ ପଦାବଳୀ (ପ୍ରଥମ ପୁସ୍ତକ)

ପ୍ରେମ ୧୩

ତୁମ ଭିତରେ ପୃଥିବୀ ୧୫

ରାଣୀ ୧୬

କୁମ୍ଭାର ୧୭

ସେପ୍ଟେମ୍ବର ୮ ତାରିଖ ୧୮

ତୁମର ପାଦ ୧୯

ତୁମର ହାତ ୨୦

ତୁମର ହସ ୨୨

ଚପଳା ୨୪

ଦ୍ୱୀପରେ ରାତି ୨୬

ଦ୍ୱୀପରେ ପବନ ୨୮

ଅସୀମା ୩୦

ଅନୁପମା ୩୨

ଚୋରି କରାଯାଇଥିବା ଡାଳ ୩୫

ପୁଅ ୩୬

ଧରିତ୍ରୀ ୩୮

ଅନୁପସ୍ଥିତି ୪୦

ଲିପ୍ସା

ବାଘ ୪୩

ଶାଗୁଣା ୪୪

କୀଟ ୪୫

କ୍ରୋଧ

ପ୍ରେମ	୪୯
ସର୍ବଦା	୫୧
ଖସି ପଡ଼ିବା	୫୨
ପ୍ରଶ୍ନ	୫୩
ନଷ୍ଟକାରିଣୀ	୫୫
ପ୍ରପୀଡ଼ିତା	୫୭
କୁଅ	୫୯
ସ୍ୱପ୍ନ	୬୧
ଯଦି ତୁମେ ମୋତେ ଭୁଲିଯାଅ	୬୩
ବିସ୍ମରଣ	୬୫
ଝିଅମାନେ	୬୭
ତୁମେ ଆସିବ	୬୯

ଜୀବନ

ପାହାଡ଼ ଓ ନଈ	୭୩
ଦରିଦ୍ରତା	୭୫
ଜୀବନ	୭୬
ପତାକା	୭୮
ସୈନିକର ପ୍ରେମ	୭୯
କେବଳ ଅଗ୍ନି ନୁହେଁ	୮୧
ମୃତାନାରୀ	୮୩
ଛୋଟ ଆମେରିକା	୮୫
ସ୍ତୋତ୍ର ଓ କ୍ରମବର୍ଦ୍ଧମାନ	୮୭
ବିବାହ ଉତ୍ସବର ଗୀତ	୧୦୧
ସଡ଼କ ଉପରେ ଚିଠି	୧୧୨

ପ୍ରଶ୍ନପୋଥି (ଦ୍ୱିତୀୟ ପୁସ୍ତକ) ୧୨୧

| ଭୂମିକା | ୧୨୩ |
| ପାବ୍ଲୋ ନେରୁଦାଙ୍କ ଜୀବନୀ | ୧୯୯ |

ଅଧ୍ୱନାୟକଙ୍କ ପଦାବଳୀ

ପ୍ରେମ

ତୁମ ଭିତରେ ପୃଥିବୀ

ଛୋଟ
ଗୋଲାପ,
ଗୋଲାପଠାରୁ ବି ଛୋଟ,
କେବେ କେବେ ଏତେ ଛୋଟ ଆଉ ନଗ୍ନ ଯେ
ମନେହୁଏ ତୁମେ ମୋ ହାତ ମୁଠାରେ ରହିଯିବ
ଆଉ ମୁଁ ତୁମକୁ ଚାପି ଧରିବି
ଏବଂ ନେଇଯିବି ମୋ ମୁହଁ ପାଖକୁ,
କିନ୍ତୁ
ହଠାତ୍
ମୋ ପାଦ ସ୍ପର୍ଶ କରେ ତୁମ ପାଦକୁ
ଆଉ ମୋ ମୁହଁ ତୁମର ଓଠକୁ:
ଏବଂ ତୁମେ ବଡ଼ ହୋଇ ଯାଅ
ତୁମର କାନ୍ଧ ଦୁଇଟିକୁ ଉଠାଇ ଠିଆ ହୁଅ
ଉତ୍ତୁଙ୍ଗ ଦୁଇଟି ପର୍ବତଚୂଡ଼ା ପରି
ତୁମର ସ୍ତନଭାର ଘୂରିବୁଲେ ମୋ ଛାତି ଉପରେ,
ମୋର ହାତ ଦୁଇଟି କେମିତି ଭାବରେ
ଜାବୁଡ଼ି ଧରେ ତୁମ କଟିତଟର କ୍ଷୀଣ ଚନ୍ଦ୍ର-ରେଖା:

ପ୍ରେମର କ୍ଷଣରେ, ତୁମେ ନିଜକୁ ସମୁଦ୍ର ଜଳ ପରି
ଢିଲା ଛାଡ଼ି ଦିଅ:
ଆକାଶର ସବୁଠାରୁ ଦୁର୍ଲଭ ଚକ୍ଷୁଗୁଡ଼ିକର ପରିମାପ
ମୁଁ କରିପାରେନି ବୋଲି କହିଲେ ଚଳିବ
ପୃଥିବୀକୁ ଚୁମ୍ବନ ଦେବା ବେଳେ
ମୁଁ ତୁମ ମୁହଁ ଆଡ଼େ ଝୁଙ୍କି ପଡ଼େ।

ରାଣୀ

ମୁଁ ତୁମର ନାଆଁ ଦେଇଛି ରାଣୀ।
ତୁମଠୁ କେହି ଦୀର୍ଘାଙ୍ଗୀ ଅଛନ୍ତି, ତେବେ ବି ତୁମେ ଦୀର୍ଘାଙ୍ଗୀ।
ତୁମଠୁ କେହି ପବିତ୍ରା ନାରୀ ଅଛନ୍ତି, ତଥାପି ତୁମେ ପବିତ୍ରତମା।
ତୁମଠୁ ଅଧିକ ସୁନ୍ଦରୀ ନାରୀ ଅଛନ୍ତି, କିନ୍ତୁ ତୁମେ ଆଶ୍ଚର୍ଯ୍ୟଜନକ ଭାବେ ସୁନ୍ଦରୀ।

ହେଲେ ତୁମେ ମୋର ସେହି ଏକମାତ୍ର ରାଣୀ।
ତୁମେ ଯେତେବେଳେ ରାସ୍ତାରେ ଚାଲି ଯାଅ
କେହି ତୁମକୁ ଚିହ୍ନି ପାରନ୍ତିନି।
କେହି ଦେଖିପାରନ୍ତିନି ତୁମର ସ୍ଫଟିକ ସ୍ୱଚ୍ଛ ମୁକୁଟ,
ଆଖିରେ ପଡ଼େନି ତୁମର ଡେରିରେ ଫେରିବା
ଲାଲ ଆଉ ସୁନେଲି ସୂତାରେ କାମ କରାଯାଇଥିବା
ଅଦୃଶ୍ୟ ଗାଲିଚା।

ତାପରେ ତୁମେ ଯେବେ ଫେରିଆସ
ସମସ୍ତ ନଦୀ ଏକାସାଙ୍ଗରେ ଗର୍ଜନ କରି ଉଠନ୍ତି
ମୋ ଛାତି ଭିତରେ,
ଘଣ୍ଟା ଧ୍ୱନିରେ କଂପି ଉଠେ ସାରା ଆକାଶ,
ଗୋଟିଏ ପବିତ୍ର ସ୍ରୋତରେ ଭରିଯାଏ ପୃଥିବୀ।

କେବଳ ମୁଁ ଆଉ ତୁମେ,
କେବଳ ତୁମେ ଆଉ ମୁଁ ତାହା ଶୁଣୁ,
ପ୍ରିୟତମା ମୋର।

କୁମ୍ଭାର

ଗୋଟିଏ ପୂର୍ଣ୍ଣତା ରହିଛି ତୁମର ସମଗ୍ର ଶରୀରରେ
ସେହି ସୌମ୍ୟତା ମୋ ପାଇଁ ଆଶ୍ଚର୍ଯ୍ୟଜନ ଓ ଲୋଭନୀୟ।

ଯେତେବେଳେ ମୁଁ ହାତ ଉପରକୁ ଉଠାଏ
ଦେଖେ ପ୍ରତ୍ୟେକ ସ୍ଥାନରେ ଗୋଟିଏ କପୋତ
ଯିଏ ମୋତେ ଖୋଜୁଛି
ଯେମିତି ତୁମେ ମୋର କୁମ୍ଭାର ହାତରେ, କାଦୁଅର ତିଆରି ପ୍ରିୟତମା।

ତୁମର ଜାନୁ, ତୁମର ସ୍ତନ,
ତୁମର କଟିଦେଶ
ଯେମିତି ମୋର ତୃଷିତ ମାଟିର ଭଙ୍ଗା ଟୁକୁଡ଼ା,
ଭାଙ୍ଗିଯାଇ ସେଗୁଡ଼ିକ ଯେମିତି ଗୋଟିଏ ଗୋଟିଏ
ଅବୟବ,
ଏକା ସାଙ୍ଗରେ ଆମେ ଦୁଇ ଜଣ
ଗୋଟିଏ ନଦୀ ପରି
ଗୋଟିଏ ବାଲୁକାକଣା ପରି ସମ୍ପୂର୍ଣ୍ଣ।

ସେପ୍ଟେମ୍ବର ୮ ତାରିଖ

ଆଜିର ଦିନ ଭରି ହୋଇ ରହିଥିବା ଗିଲାସ ପରି
ଭରପୂର ଲହରୀ ସହିତ
ଆଜି ଏହା କେବଳ ପୃଥିବୀ
ଆଜି ଉଦଗ୍ର ସମୁଦ୍ର
ଆମକୁ ଉଠଉଛି ଚୁମ୍ବନ ପରି
ଏତେ ଉପରକୁ ନେଇ ଯାଉଛି ଯେ
ଆମେ କଂପି ଉଠୁଛୁ ।

କିରଣ ପରି ରହିଛି ଚମକ
ଆମେ ଯୋଡ଼ି ଯୋଡ଼ି ହୋଇ ତଳକୁ ଆସୁଛୁ
କଂପି ଉଠି ଜଣେ ଅପରରେ ହୋଇକରି ଲୀନ
ଆମ ଶରୀର ହୋଇ ଉଠୁଛି ବିପୁଳ
ସେଗୁଡ଼ିକ ଦୁନିଆର ମୁଣ୍ଡ ଉପରକୁ ଉଠି ଆସୁଛି ।

ଗୋଟିଏ ଏକାକୀ ବୁନ୍ଦା
ମହମ ଅଥବା ପାଣିର ଛିଣ୍ଡି ଯାଇଥିବା ତାର ପରି
ଆମ ମଝିରେ ଖୋଲି ଯାଉଛି
ଗୋଟିଏ ନୂଆ ଦୁଆର
କେହି ବିନା ଚେହେରାର
ସେଠି ଥିଲା ଆମ ଅପେକ୍ଷାରେ ।

ତୁମର ପାଦ

ଯେତେବେଳେ ମୁଁ ତୁମ ମୁହଁକୁ ଦେଖି ପାରେନି
ମୁଁ ତୁମ ପାଦକୁ ଦେଖେ।

ଧନୁ ଆକାରର ହାଡ଼ରେ ତିଆରି
ତୁମର ଶକ୍ତ ଛୋଟିଆ ପାଦ।

ମୁଁ ଜାଣିଛି ସେଗୁଡ଼ିକ ତୁମକୁ ସାହାରା ଦେଉଛି,
ଆଉ ତାହା ଉପରେ ତୁମ ଶରୀର
ଅଳ୍ପ ଓଜନର ଭାର ରହିଥାଏ।

ତୁମର କଟି ଓ ତୁମର ସ୍ତନଗୁଡ଼ିକ
ଜାମୁକୋଲି ରଂଗର ସ୍ତନାଗ୍ରମାନ,
କୋରଡ଼ଗୁଡ଼ିକ ତୁମ ଆଖିର
ଯାହା ଦୂରକୁ ଉଡ଼ି ଚାଲିଯାଇଛି,
ଡାଳିମ୍ବ ପରି ତୁମର ଚଉଡ଼ା-ଖୋଲା ମୁହଁ,
ତୁମର ଲାଲ ରଂଗର କେଶ,
ମୋ କ୍ଷୁଦ୍ର ମିନାର।

କିନ୍ତୁ ମୁଁ ତୁମ ପାଦକୁ ଭଲପାଏ
କେବଳ ଏଇଥିପାଇଁ ଯେ
ସେଗୁଡ଼ିକ ଚାଲିଥାନ୍ତି ଧରଣୀ ଉପରେ
ଏବଂ ପବନରେ
ଆଉ ପାଣି ଉପରେ,
ଯେତେବେଳ ଯାଏଁ ମୋତେ ଭେଟି ନଥାନ୍ତି।

ତୁମର ହାତ

ତୁମର ହାତ ଯେବେ ଆଗକୁ ବଢ଼େ
ପ୍ରିୟତମା, ମୋ ହାତ ଆଡ଼େ,
ସେମାନେ ମୋ ପାଇଁ କଣ ଆଣନ୍ତି ଉଡ଼ି କରି ?
ସେମାନେ କାହିଁକି ଅଟକି ଗଲେ
ମୋ ମୁହଁ ପାଖରେ, ହଠାତ୍ କରି,
ମୁଁ କାହିଁକି ସେମାନଙ୍କୁ ଚିହ୍ନି ପାରେ
ସେମାନେ ବୋଲି, ଆଗରୁ,
ମୁଁ ସେମାନଙ୍କୁ ଛୁଇଁଥିଲି,
ସତେ ଯେମିତି ସେମାନେ ପୂର୍ବରୁ ଥିଲେ
ସେମାନଙ୍କର ଅତୀତ ଚାଲି ଯାଇଥିଲା
ମୋ କପାଳ, ମୋ କଟି ଉପର ଦେଇ କରି ?

ସେମାନଙ୍କର କୋମଳତା ଉଡ଼ି ଆସିଥିଲା
ସମୟର ଉପର ଦେଇ,
ସମୁଦ୍ରର ଉପର ଦେଇ,
ଧୂଆଁର ଉପର ଦେଇ,
ବସନ୍ତର ଉପର ଦେଇ,
ଆଉ ତୁମେ ଯେବେ ରଖିଲ
ତୁମର ହାତଗୁଡ଼ିକୁ ମୋ ଛାତି ଉପରେ,
ମୁଁ ଚିହ୍ନିଲି ସେହି ସ୍ୱର୍ଣ୍ଣିମ
କପୋତର ଡେଣାଗୁଡ଼ିକୁ,
ମୁଁ ଚହ୍ନିଲି ସେହି ମୃତ୍ତିକା
ଏବଂ ଗହମର ରଂଗକୁ ।

ମୋ ଜୀବନର ସବୁ ବର୍ଷଗୁଡ଼ିକରେ
ସେମାନଙ୍କୁ ଖୋଜି ଖୋଜି

ମୁଁ ଘୂରି ବୁଲିଥିଲି ।
ମୁଁ ସିଢ଼ି ଚଢ଼ିଲି,
ମୁଁ ବାଟ ଅତିକ୍ରମ କଲି,
ରେଳଗାଡ଼ି ମୋତେ ନେଇ ଆସିଲା,
ମହୋଦଧି ମୋତେ ନେଇ ଆସିଲା,
ଆଉ ଅଙ୍ଗୁରର ଚୋପାକୁ ଛୁଇଁ କରି
ମୋତେ ଲାଗିଲା ମୁଁ ତୁମକୁ ଛୁଇଁଲି ।

ଅରଣ୍ୟ ମୋତେ ଅକସ୍ମାତ
ତୁମର ସ୍ପର୍ଶକୁ ଅନୁଭବ କରାଇଲା
ବାଦାମ ତୁମର ଅପ୍ରକଟ କୋମଳତାର
ମୋତେ ଅବଗତ କରାଇଲା,
ଯେତେବେଳଯାଏଁ ତୁମର ହାତଗୁଡ଼ିକ
ଚାପି ହୋଇ ରହିଥିଲା ମୋ ଛାତି ଉପରେ
ଆଉ ସେଇଠି ଦୁଇଟି ଡେଣା ପରି
ସେମାନେ ତାଙ୍କର ଯାତ୍ରା ଶେଷ କଲେ ।

ତୁମର ହସ

ତୁମେ ଯଦି ଚାହଁ, ନିଅ ଦାନାପାଣି ମୋର
ମୋ ପାଖରୁ ନେଇଯାଅ ପବନକୁ ତୁମେ
କିନ୍ତୁ କେବେ ନିଅନି ମୋଠାରୁ ହସଟି ତୁମର ।

ଏ ଗୋଲାପ ନିଅନି ଛଡ଼ାଇ
କନ୍ଦରରେ ଫୁଟିଥିବା ନୀଳଫୁଲ ଯାହା ତୁମେ ଦେଇଛ ଛିଣ୍ଡାଇ,
ତାହା କଲାବେଳେ ତୁମେ କିଛି ଜଳଛିଟା
ଅକସ୍ମାତ ହର୍ଷୋନ୍ମାଦେ ମୋତେ ଓଦା କଲା
ସେତେବେଳେ ଅଚାନକ ତୁମର ତନୁରୁ
ଲହରୀ ଯେ ଉଠିଥିଲା ରଜତ-କଣର ।

ସଂଘର୍ଷ ବ୍ୟଥିତ ହୋଇ ମୁଁ ଫେରି ଆସିଛି
ଥକି ଯାଇଥିବା ଆଖିଗୁଡ଼ିକୁ ନେଇ
ବେଳେବେଳେ ବଦଳୁ ନଥିବା ଧରଣୀକୁ ଦେଖିକରି,
କିନ୍ତୁ ଯେତେବେଳେ ହସ ତୁମ ଗୁଂଜରିତ ହୁଏ
ଖୋଜିବାକୁ ମୋତେ
ଆକାଶ ଆଡ଼କୁ ଧାଏଁ
ଆଉ ସିଏ ଖୋଲି ଦିଏ ମୋହର ପାଇଁ ତ
ଜୀବନର ବାଟ ଅଗଣିତ ।

ଆଗୋ ପ୍ରିୟେ, ଯେବେ ହୁଏ ଘୋର ଅନ୍ଧକାର
ତୁମର ହସ ତ
ହୁଏ ଗୁଂଜରିତ,
ଆଉ ଯଦି ଅଚାନକ
ତୁମେ ଦେଖ ରକ୍ତରେ ମୋହର
ରଂଜିତ ଯେ ଚାଲିବା ସଡ଼କ
ହସି ଉଠିବ ତ,

କାହିଁକି ନା ଏ ହସ ତୁମର
ହୋଇବ ମୋ ହାତ ପାଇଁ
ସତେଜ କୃପାଣ।

ଶରଦ ଋତୁରେ
ସମୁଦ୍ର କଡ଼ରେ,
ତୁମ ହସ ଗଢ଼ିବ ତ ଫେନିଳ ପ୍ରପାତ,
ଆଉ ପ୍ରିୟେ,
ବସନ୍ତ ସମୟେ,
ଫୁଲ ପରି ହସଟିଏ ଚାହେଁ
ଯାହାର ଅପେକ୍ଷାରତ ରହିଥିଲି ମୁହିଁ,
ସେହି ନେଳୀ ଫୁଲ
ଗୋଟିଏ ଗୋଲାପ
ଯାହା ଥିଲା ମୋର ଅନୁଗୁଂଜିତ ଦେଶର।

ହସିବ ରାତିରେ
ହସିବ ଦିନରେ,
ହସୁଥିବ ଜହ୍ନେ ଲକ୍ଷ୍ୟ କରି
ହସୁଥିବ ତେଢ଼ମେଢ଼ା ରାସ୍ତାର ଦ୍ୱୀପର,
ହସୁଥିବ ବେଢ଼ଙ୍ଗର ପିଲାଟିକୁ ଦେଖି
ଭଲପାଏ ତୁମକୁ ତ ଯିଏ
କିନ୍ତୁ ଯେବେ ଖୋଲେ ମୁହିଁ ଆଖି
ଆଉ ବୁଜି ଦିଏ
ଯେତେବେଳେ ବଢ଼େ ମୋ ପାହୁଣ୍ଡ
ଯେତେବେଳେ ଫେରେ ତ ପଛକୁ,
ନିଅ ଦାନାପାଣି ମୋର,
ନିଅ ବି ପବନ,
ଆଲୋକକୁ ନିଅ, ପୁଣି ନିଅ ବସନ୍ତକୁ,
କିନ୍ତୁ କେବେ ନିଅ ନାହିଁ ହସଟି ତୁମର
କାରଣ ତାବିନା ହେବ ମୃତ୍ୟୁ ଯେ ମୋହର।

ଚପଳା

ମୋ ଆଖିଗୁଡ଼ିକ ମୋ ପାଖରୁ ଦୂରକୁ ଚାଲିଗଲା
ସେହି ଶ୍ୟାମାଳାଙ୍ଗୀର ପିଛା କରି କରି
ଯିଏ ଚାଲିଗଲା ମୋ ପାଖ ଦେଇ।

କଳା ସୀପରେ ତାକୁ ଗଢ଼ା ଯାଇଥିଲା
ଗାଢ଼ ଜାମୁକୋଳି ରଙ୍ଗର ଅଙ୍ଗୁରକୁ ନେଇ,
ଏବଂ ସିଏ ତା'ର ସୌନ୍ଦର୍ଯ୍ୟର ଅଗ୍ନିଶିଖାରେ
ଉଦ୍‌ବେଳନ ସୃଷ୍ଟି କଲା
ମୋ ରକ୍ତରେ।
ସେ ସମସ୍ତଙ୍କ ପଛରେ
ମୁଁ ଯାଏ।

ସୁନେଲି ରଙ୍ଗର ବାଳ ଥିବା ଗୋଟିଏ ଗୌରବର୍ଣ୍ଣର ବାଳିକା
ମୋ ପାଖଦେଇ ଚାଲିଗଲା
ତା'ର ଶାରୀରିକ ସୁନ୍ଦରତାକୁ ଦର୍ଶାଇ କରି
ଏବଂ ମୋ ମୁହଁ ଗୋଟିଏ ଲହଡ଼ି ପରି
ମଚଳି ଉଠିଥିଲା ସତେ ଯେମିତି
ମୋ ରକ୍ତର ବିଜୁଳି ଖସି ପଡ଼ିବ
ତା'ର ପୟୋଧର ଉପରେ।

ସେ ସମସ୍ତଙ୍କ ପଛରେ
ମୁଁ ଯାଏ।

କିନ୍ତୁ, ଆଗେ ଦୂରସ୍ଥ ପ୍ରିୟେ,
ତମକୁ ଦେଖିବା ବିନା
ତୁମ ଆଡ଼େ ଧାଇଁ ଯାଏ ମୋର ରକ୍ତ

ଏବଂମୋର ଚୁମ୍ବନ,
ଆଗେ ଶ୍ୟାମଳାଙ୍ଗୀ ପ୍ରିୟା
ଏବଂ ମୋର ଗୌରବର୍ଣ୍ଣା ପ୍ରିୟତମା,
ଆଉ ମୋର ଦୀର୍ଘତମା,
ଏବଂ କ୍ଷୁଦ୍ରକାୟା ଧରଣୀ,
ମୋର ପୁଷ୍ଟାଙ୍ଗୀ ଏବଂ କ୍ଷୀଣା ରମଣୀ,
ମୋର କୁତ୍ସିତା, ମୋର ସୁନ୍ଦରୀ କାମିନୀ,
ସଂପୂର୍ଣ୍ଣ ସ୍ୱର୍ଣ୍ଣରେ ନିର୍ମିତା
ଏବଂ ନିର୍ମିତା ସଂପୂର୍ଣ୍ଣ ରୌପ୍ୟରେ,
ସଂପୂର୍ଣ୍ଣ ଗହମରେ ନିର୍ମିତା,
ଏବଂ ସଂପୂର୍ଣ୍ଣ ଭାବେ ମୃତ୍ତିକା'ରେ ନିର୍ମିତା,
ସଂପୂର୍ଣ୍ଣ ଭାବେ ସାମୁଦ୍ରିକ ଲହରୀର ଜଳରେ ନିର୍ମିତା,
ନିର୍ମିତା ମୋ ବାହୁ ପାଇଁ,
ନିର୍ମିତା ମୋ ଚୁମ୍ବନ ପାଇଁ,
ନିର୍ମିତା ମୋ ଆତ୍ମା ପାଇଁ।

ଦ୍ୱୀପରେ ରାତି

ସାରା ରାତି ମୁଁ ଶୋଇଥିଲି ତୁମ ସହିତ
ସମୁଦ୍ର କଡ଼ରେ,
ଦ୍ୱୀପରେ।
ଉଦ୍ଦାମ ଓ ମଧୁର ଥିଲ ତୁମେ
ଆନନ୍ଦ ଓ ନିଦ୍ରାର ମଝିରେ,
ଅଗ୍ନି ଓ ଜଳର ମଝିରେ।

ହୁଏତ ବହୁତ ବିଳମ୍ବରେ
ସଂଯୁକ୍ତ ହେଲା ଆମର ସ୍ୱପ୍ନ
ଚରମ ସ୍ଥାନରେ ଅଥବା ନିମ୍ନତମ ସ୍ଥାନରେ,
ଉପରେ: ସେହି ପବନ ଦ୍ୱାରା ହଲୁଥିବା ଡାଳଗୁଡ଼ିକ ପରି
ନିମ୍ନରେ: ଲାଗିକରି ରହିଥିବା ଲାଲମୂଳ ପରି, ଯାହା ସ୍ପର୍ଶ କରେ।

ହୁଏତ ତୁମ ସ୍ୱପ୍ନ
ଦୂରେଇଗଲା ମୋ ସ୍ୱପ୍ନ ପାଖରୁ
ଆଉ ନିଗୂଢ଼ ସମୁଦ୍ର ଜରିଆରେ
ମୋତେ ଖୋଜୁଥିଲା
ପୂର୍ବ ପରି,
ଯେତେବେଳେ ତୁମର ଅସ୍ତିତ୍ୱ ନଥିଲା,
ଯେତେବେଳେ ତୁମକୁ ନ ଦେଖି
ମୁଁ ଚାଲିଗଲି ତୁମ କଡ଼ ଦେଇକରି,
ଆଉ ତୁମ ଆଖି ଗୁଡ଼ିକ ଖୋଜୁ ଥିଲା ଏବେ
ରୁଟି, ମଦ, ପ୍ରେମ ଓ କ୍ରୋଧ-
ଯାହା ମୁଁ ତୁମ ଉପରେ ଲଦି ଦେଉଛି
କାରଣ ତୁମେ ହେଉଛ ସେହି ପିଆଲା

ଯାହା ଅପେକ୍ଷାରତ ଥିଲା
ମୋ ଜୀବନର ଉପହାର ପାଇଁ।

ସାରା ରାତି ମୁଁ ଶୋଇଥିଲି ତୁମ ସହିତ
ଯେତେବେଳେ ଉଦାସ ପୃଥିବୀ
ଭଟକୁଥିଲା ଜୀବନ୍ତ ଓ ମୃତମାନଙ୍କ ସହିତ,
ଏବଂ ଛାୟା ମଝିରେ ଅଚାନକ ଉଠିଯାଇ
ମୁଁ ଦେଖିବାକୁ ପାଇଲି
ତୁମ କଟିଦେଶକୁ ମୁଁ ଜାବୁଡ଼ି ଧରିଛି
ମୋ ବାହୁବନ୍ଧନରେ।
ରାତି କିମ୍ବା ନିଦ କେହି ହେଲେ
ଆମକୁ ଅଲଗା କରି ପାରିଲାନି।

ମୁଁ ତୁମ ସହିତ ଶୋଇଥିଲି
ଏବଂ ଉଠିଲା ପରେ
ତୁମ ସ୍ୱପ୍ନର ପ୍ରତିଫଳନ
ମୁଖ ତୁମର
ମୋତେ ଦେଲା ସ୍ୱାଦ ମାଟିର,
ସ୍ୱାଦ ସମୁଦ୍ର-ପାଣିର,
ସ୍ୱାଦ ଶୈବାଳର,
ସ୍ୱାଦ ତୁମ ଜୀବନ ରଂଗର,
ଏବଂ ମୋତେ ପ୍ରାପ୍ତ ହେଲା ତୁମ ଚୁମ୍ବନ
ପ୍ରତ୍ୟୁଷର କାକରରେ ଭିଜା
ସତେ ଯେମିତି ତାହା ମୋ ପାଖକୁ ଆସିଥିଲା
ସମୁଦ୍ର ଭିତରୁ
ଯାହା ଆମକୁ ଘେରି କରି ରହିଛି।

ଦ୍ୱୀପରେ ପବନ

ପବନ ଗୋଟିଏ ଅଶ୍ୱ:
ଶୁଣ, କେମିତି ସିଏ ସମୁଦ୍ର ଭିତର ଦେଇ
ଦୌଡୁଛି, ଆକାଶ ଭିତର ଦେଇ ।

ସିଏ ମୋତେ ନେଇଯିବାକୁ ଚାହୁଁଛି: ଶୁଣ
କେମିତି ସିଏ ଭଟକୁଥିବ ସାରା ଦୁନିଆରେ
ମୋତେ ବହୁତ ଦୂରକୁ ନେଇ ଯିବା ପାଇଁ ।

ମୋତେ ଲୁଚାଇ ଦିଅ ତୁମ ବାହୁ ଭିତରେ
କେବଳ ଆଜି ରାତିଟି ପାଇଁ,
ଯେତେବେଳେ ବର୍ଷା ଆଘାତ କରୁଛି
ସମୁଦ୍ରକୁ ଓ ପୃଥିବୀକୁ
ନିଜର ଅସଂଖ୍ୟ ମୁଖରେ ।

ଶୁଣ, ପବନ ମୋତେ କେମିତି ଡାକୁଛି
ଘୋଡ଼ା ପରି ପାହୁଣ୍ଡ ପକାଇ
ମୋତେ ବହୁତ ଦୂରକୁ ନେଇଯିବା ପାଇଁ ।

ରଖିଦିଅ ତୁମ ଭ୍ରୂଲତାକୁ ମୋ ଭ୍ରୂଲତା ଉପରେ,
ରଖିଦିଅ ତୁମ ମୁଖକୁ ମୋ ମୁଖ ଉପରେ,
ଆମ ଶରୀରଗୁଡ଼ିକ ରହିଥାଉ
ପ୍ରେମ ସହିତ ବନ୍ଧା ହୋଇ
ଯିଏ ଆମକୁ ଉପଯୋଗ କରୁଛି,
ପବନ ତା ବାଟରେ ଚାଲି ଯାଉ
ମୋତେ ସାଙ୍ଗରେ ନ ନେଇ ।

ପବନ ଫେଣରେ ଅଭିଷିକ୍ତ ହୋଇ
ଧାଉଁ ଧାଉଁ,
ମୋତେ ଡାକୁ ଥାଉ ଓ ଖୋଜୁ ଥାଉ,
ଛାଇ ଭିତରେ ଘୋଡ଼ା ପରି
ଦୌଡ଼ି କରି,
ଯେତେବେଳେ ମୁଁ ନିମଗ୍ନ ହେଉ ଥାଏ
ତୁମ୍ଭର ବଡ଼ ବଡ଼ ଚକ୍ଷୁ ଭିତରେ,
କେବଳ ଆଜି ରାତିଟି ପାଇଁ
ବିଶ୍ରାମ ନେବି, ମୋର ପ୍ରିୟତମା।

ଅସୀମା

ଏହି ହାତଗୁଡ଼ିକୁ ଦେଖୁଛ ? ସେମାନେ
ପୃଥିବୀକୁ ମାପିଛନ୍ତି,
ଖଣିଜ କାଢ଼ିଛନ୍ତି
ଏବଂ ଶସ୍ୟ ଉପୁଜାଇଛନ୍ତି
ସେମାନେ ଶାନ୍ତି ସ୍ଥାପନ କରିଛନ୍ତି,
ଯୁଦ୍ଧ ଲଢ଼ିଛନ୍ତି,
ସେମାନେ ଧ୍ୱସ୍ତ କରିଛନ୍ତି ଦୂରତାକୁ
ସମୁଦ୍ରଗୁଡ଼ିକର ଓ ନଦୀ ସମୂହର,
ତେବେ ବି
ଯେତେବେଳେ ସେମାନେ ତୁମ ଦେହର ଉପର ଦେଇ
ଗତି କରନ୍ତି,
କ୍ଷୁଦ୍ର କାୟା,
ଗହମର ଦାନା ଗିଳିଦିଅନ୍ତି,
ସେମାନେ ତୁମକୁ ଘେରି ପାରନ୍ତିନି,
ସେମାନେ ଦୁଇଟି କପୋତକୁ ଖୋଜି ଖୋଜି
ଥକି ଯାଆନ୍ତି,
ଯେଉଁଗୁଡ଼ିକ ତୁମ ଛାତି ଉପରେ ବିଶ୍ରାମ ନେଇଥାନ୍ତି
ଅଥବା ଉଡୁଥାନ୍ତି,
ସେମାନେ ମାପିନିଅନ୍ତି ତୁମ ଗୋଡ଼ର ଦୂରତାକୁ,
ସେମାନେ ତୁମ କଟିର ଆଲୋକରେ
କୁଣ୍ଡଳୀ ମାରି ବସିଯାଆନ୍ତି ।
ମୋ ପାଇଁ ତୁମେ ଗୋଟିଏ ଖଜଣା
ଯିଏ ସମୁଦ୍ର ଓ ତାର ନଦୀଗୁଡ଼ିକ ଅପେକ୍ଷା
ଅଧିକ ଅସୀମତାରେ ଲଦି ହୋଇ ରହିଛି
ଏବଂ ତୁମେ ଶ୍ୱେତ ଓ ନିଳାଭ
ଆଉ ପ୍ରଶସ୍ତ ଯେମିତି ପୂରାକାଳରେ ଥିଲା ପୃଥିବୀ ।

ସେହି ଇଲାକାରେ,
ତୁମ ପାଦ ପାଖରୁ ଆରମ୍ଭ କରି ଭୂଲତା ଯାଏଁ,
ଟହଲି କରି, ଟହଲି କରି, ଟହଲି କରି,
ମୁଁ ବିତେଇ ଦେବି ମୋର ଜୀବନ।

ଅନୁପମା

ଆଗୋ ଅନୁପମା,
ଝରଣାର ଶୀତଳ ଶିଳା ଉପରେ ଥିବା ଜଳ,
ଯେମିତି ଜଳ ଖୋଲି ଦେଉଛି
ଗୋଟିଏ ପ୍ରଶସ୍ତ ଫେନିଳ ଆକର୍ଷକ ସେତୁ,
ଠିକ୍ ସେମିତି ହସ ଲାଖି ରହିଛି
ତୁମ ମୁଖମଣ୍ଡଳରେ,
ଆଗେ ଅନୁପମା ।

ଆଗୋ ଅନୁପମା,
ସୁକୁମାର ହାତ ଓ ପତଳା ପାଦ
ଯେମିତି କୌଣସି ରୂପାର ଟଟ୍ଟୁର,
ଚଲାବୁଲା କରୁଥିବା,
ତୁମେ ଦୁନିଆର ସବୁଠାରୁ ସୁନ୍ଦର ଫୁଲ ପରି
ମନେ ହେଉଛ,
ଏମିତି ଭାବରେ ମୁଁ ତୁମକୁ ଦେଖୁଛି,
ଆଗୋ ଅନନ୍ୟା ।

ଆଗୋ ଅନୁପମା,
ତୁମ ମୁଣ୍ଡ ଉପରେ ଗୋଟିଏ ତମ୍ବାର ନୀଡ଼
ଗୁଡ଼େଇ କରି ବନ୍ଧା ଯାଇଛି,
ନୀଡ଼ଟି ହେଉଛି
ଗାଢ଼ ମହୁରଂଗର,
ଯେଉଁଠି ମୋ ହୃଦୟ ଜଳୁଛି ଓ ବିଶ୍ରାମ ନେଉଛି,
ଆଗୋ ଅନୁପମା ।

ଆଗୋ ଅନୁପମା,

ଅନେକ ଦେଶ ରହିଛି, ଅନେକ ନଦୀ ରହିଛି,
ତୁମ ଚକ୍ଷୁ ଭିତରେ,
ମୋ ଦେଶ ରହିଛି ତୁମ ଚକ୍ଷୁରେ,
ମୁଁ ପଦଚାରଣ କରେ ସେଗୁଡ଼ିକର ଭିତର ଦେଇ
ସେଗୁଡ଼ିକ ବିଶ୍ୱକୁ ଆଲୋକ ପ୍ରଦାନ କରେ
ଯାହା ଭିତର ଦେଇ ମୁଁ ବିଚରଣ କରେ
ଆଗୋ ଅନୁପମା ।

ଆଗୋ ଅନୁପମା,
ତୁମର ପୟୋଧରଗୁଡ଼ିକ ପାଉଁରୁଟି ପରି
ଧାନ୍ୟଯୁକ୍ତ ଧରଣୀର,
ଏବଂ ସ୍ୱର୍ଣ୍ଣିମ ଚନ୍ଦ୍ରମା ପରି,
ଆଗୋ ଅନୁପମା ।

ଆଗୋ ଅନୁପମା,
ତୁମର କଟି,
ମୋ ବାହୁ ତାକୁ ଆକାର ଦେଲା
ଗୋଟିଏ ନଦୀର
ଯାହା ହଜାର ବର୍ଷ ଧରି ପ୍ରବାହିତ ହେଲା
ତୁମର ମଧୁର ଶରୀରର ଭିତର ଦେଇ,
ଆଗୋ ଅନୁପମା ।

ଆଗେ ଅନୁପମା,
ଦୁନିଆରେ ଆଉ କିଛି ନାହିଁ ତୁମର ଅଧର ପରି
ହୁଏତ ଧରଣୀ କୌଣସି ଗୋପନୀୟ ସ୍ଥାନରେ ରଖିଛି
ତୁମ ଶରୀରର ସୁଢ଼ଳତା ଏବଂ ସୁଗନ୍ଧକୁ,
ହୁଏତ କୌଣସି ସ୍ଥାନରେ,
ଆଗୋ ଅନୁପମା ।

ଆଗୋ ଅନୁପମା, ମୋ ଅନୁପମା,
ତୁମର କଣ୍ଠସ୍ୱର, ତୁମର ତ୍ୱଚା, ତୁମର ନଖ,
ଆଗୋ ଅନୁପମା, ମୋ ଅନୁପମା,
ତୁରମ ଅସ୍ତିତ୍ୱ, ତୁମର ଆଲୋକ, ତୁମର ଛାୟା,
ଆଗୋ ଅନୁପମା,
ସବୁଗୁଡ଼ିକ ହେଉଛି ମୋର, ଆଗୋ ଅନୁପମା,
ସବୁଗୁଡ଼ିକ ହେଉଛି ମୋର, ଆଗୋ ପ୍ରିୟତମା,
ଯେତେବେଳେ ତୁମେ ପଦଚାରଣ କର କିମ୍ବା ବିଶ୍ରାମ ନିଅ,
ଯେତେବେଳେ ତୁମେ କଷ୍ଟ ପାଅ କିମ୍ବା ସ୍ୱପ୍ନ ଦେଖ,
ସବୁବେଳେ,
ତୁମେ ହେଉଛ ମୋର, ଆଗୋ ଅନୁପମା,
ସବୁବେଳେ ।

ଚୋରି କରାଯାଇଥିବା ଡାଳ

ରାତିରେ ଆମେ ଭିତରକୁ ଯିବା
ଚୋରି କରିବା ପାଇଁ
ଗୋଟିଏ ଫୁଲ-ଫୁଟିଥିବା ଡାଳକୁ।

ଆମେ କାନ୍ଥ ଉପରେ ଚଢ଼ିବା
ଅନ୍ଧକାର ଭିତରେ
ଅନ୍ୟ କାହାର ବଗିଚାରେ,
ରହିଥିବ ଦୁଇଟି ଛାଇ ଅନ୍ଧକାରର ଛାଇରେ।

ଏବେ ବି ଶୀତ ଋତୁ ଚାଲି ଯାଇନି
ଏବଂ ସେଓ ଗଛ ଅକସ୍ମାତ
ସୁଗନ୍ଧିତ ତାରକାମାନଙ୍କର ପ୍ରପାତରେ
ରୂପାନ୍ତରିତ ହୋଇଛି।

ରାତିରେ ଆମେ ଭିତରକୁ ଯିବା
ତାହାର କମ୍ପମାନ ମହାବ୍ୟୋମ ଯାଏଁ
ଆଉ ତୁମର ଛୋଟ ହାତଗୁଡ଼ିକ ଓ ମୋର
ତାରକାମାନଙ୍କୁ ଚୋରି କରିବ।

ଆଉ ନୀରବତାର ସହିତ
ଯିବା ଆମ ଘରଆଡ଼େ ରାତିରେ,
ଏବଂ ଛାଇ, ତୁମ ପାହୁଣ୍ଡ ସହିତ ମିଶିକରି
ସୁଗନ୍ଧର ନୀରବ ପଦକ୍ଷେପ ପ୍ରବେଶ କରିବ
ଆଉ ତାରକାଙ୍କର ଦୀପ୍ତ ପାଦକୁ ନେଇ କରି ଆସିବ
ବସନ୍ତର ପାରଦର୍ଶୀ ଶରୀର।

ପୁଅ

ଆରେ ପୁଅ, ତୁ କଣ ଜାଣିଛୁ,
ତୁ କଣ ଜାଣଇଛୁ ଯେ
ତୁ କେଉଁଠୁ ଆସିଛୁ ? ଧବଳ
ଆଉ କ୍ଷୁଧାର୍ତ୍ତ ଜଳକୁକ୍କୁଟମାନେ
ହ୍ରଦ ଭିତରୁ ।

ଶୈତର ଜଳର ପାର୍ଶ୍ୱରୁ
ସିଏ ଏବଂ ମୁଁ ଜାଳିଲୁ ଗୋଟିଏ
ଲାଲ ରଂଗର ହୋଲିକା
ଯେଉଁଠାରେ ଆମ ଓଠ ପରସ୍ପରର
ଆତ୍ମାକୁ ଚୁମା ଦେଇ
ସବୁକିଛି ନିଆଁରେ ପକାଇ ଦେଇ,
ଜାଳି ଦେଲା ଆମ ଜୀବନକୁ ।

ଏହିପରି ଭାବରେ ତୁ ଆସିଲୁ ଏହି ଦୁନିଆକୁ ।

କିନ୍ତୁ ସିଏ, ମୋତେ ଦେଖିବା ପାଇଁ
ଏବଂ ତୋତେ ଦେଖିବା ପାଇଁ, ଦିନେ
ସମୁଦ୍ରକୁ ପାରି କଲା
ଆଉ ମୁଁ, ତାର ଛୋଟ କଟି ପ୍ରଦେଶକୁ
ଆପୁଡ଼େଇ କରି
ସାରା ଦୁନିଆ ଘୂରି ବୁଲିଲି,
ଯୁଦ୍ଧ ଏବଂ ପର୍ବତ
ସହିତ,
ନେଇ କରି ବାଲୁକା ଏବଂ କଣ୍ଟକସମୂହକୁ ।

ଏହିପରି ଭାବରେ ତୁ ଆସିଲୁ ଏହି ଦୁନିଆକୁ ।

ଏତେଗୁଡ଼ିଏ ସ୍ଥାନରୁ ତୁ ଆସିଲୁ,
ପାଣି ଓ ପୃଥିବୀରୁ,
ନିଆଁ ଓ ବରଫରୁ,
କେତେ ଦୂରରୁ ଆମ ଦୁହିଁଙ୍କ ଆଡ଼କୁ
ତୁ ଆସିଲୁ,
ସେହି ଭୟାନକ ପ୍ରେମ ଯାହା ଆମକୁ
ଜାବୁଡ଼ି ଧରିଛି,
ଆମେ ଜାଣିବାକୁ ଚାହୁଁଛୁ
ତୁ ଦେଖିବାକୁ କେମିତି,
ତୁ ଆମକୁ କଣ କହୁଛୁ,
କାରଣ ଆମେ ତୋତେ ଯାହା ଦେଉଛୁ
ତା ଠୁ ଅଧିକ ତୁ ଦୁନିଆ ବିଷୟରେ ଜାଣିଛୁ ।

ଗୋଟିଏ ପ୍ରଚଣ୍ଡ ତୋଫାନ ପରି
ଆମେ ଦୋହଲେଇ ଦେଲୁ
ଜୀବନ ବୃକ୍ଷକୁ
ତଳେ ରହିଥିବା ମୂଳର ଅଦୃଶ୍ୟ
ତନ୍ତୁ ଗୁଡ଼ିକୁ
ଏବଂ ଏବେ ପତ୍ରରେ
ସବୁଠୁ ଉଚ୍ଚ ଶାଖାରେ
ତୋତେ ଗୀତ ଗାଉଥିବା ଦେଖି
ଆମେ ପହଞ୍ଚି ଯାଉଛି ।

ଧରିତ୍ରୀ

ହରିତ ଧରିତ୍ରୀ ସବୁକିଛି ପୀତାଭ କରିଦେଲା-
ସୁନା, ଫସଲ, କ୍ଷେତ, ପତ୍ରସମୂହ, ଅନ୍ନ,
କିନ୍ତୁ ଶରତ ଋତୁର ଯେବେ ଉଦୟ ହୁଏ
ନିଜର ଲମ୍ବା ଚଉଡ଼ା ପତାକା ସହିତ
ତୁମକୁ, କେବଳ ତୁମକୁ ମୁଁ ଦେଖୁଥାଏ,
ମୋ ପାଇଁ ଏହା ତ ତୁମର କେଶ, ଯାହା
ଟାସେଲ୍‌କୁ ଅଲଗା କରେ।

ଦେଖୁଛି ଭଗ୍ନ ପାଷାଣର ପ୍ରାଚୀନ
ସ୍ମାରକସମୂହକୁ,
କିନ୍ତୁ ଯଦି ଛୁଉଁଛି ପାଷାଣର
କ୍ଷତ-ଚିହ୍ନକୁ
ପ୍ରତିକ୍ରିୟା ହେଉଛି ମୋ ଭିତରେ ତୁମ ଦେହର,
ମୋ ଆଙ୍ଗୁଳିଗୁଡ଼ିକ ସହସା ଥରି ଥରି,
ଚିହ୍ନୁଛି ତୁମର ପ୍ରେମିଳ ସୁବାସ।

ମାଟି ଓ ଧୂଳି ଦ୍ୱାରା, ଏବେ ଏବେ , ସମ୍ମାନିତ ହୋଇଥିବା
ଯୋଦ୍ଧାମାନଙ୍କ ଭିତର ଦେଇକରି ମୁଁ ଯାଉଛି,
ଆଉ ସେମାନଙ୍କ ପଛରେ, ନିଶ୍ଚୁପ,
ତୁମର ଛୋଟ ପାହୁଣ୍ଡଗୁଡ଼ିକ,
ଏହା କ'ଣ ତୁମେ ନା ତୁମେ ନୁହଁ?
ଗତକାଲି, ସେମାନେ ଯେତେବେଳେ
ଉପାଡ଼ି ଦେଲେ ମୂଳରୁ,
ପରୀକ୍ଷଣ କରିବା ପାଇଁ,
ପୁରୁଣା ବାମନ ଗଛଟିକୁ,
ମୁଁ ଦେଖିଲି ତୁମକୁ,

୩୮ | ପାବ୍ଲୋ ନେରୁଦା

ମୋ ଆଡ଼େ ଅନେଇ ଅନେଇ ଆସୁଥିବାର
ସନ୍ତାପିତ ଓ ତୁଷାର୍ତ୍ତ ମୂଳରୁ।

ଆଉ ଯେବେ ନିଦ ଆସେ
ଶେଯ ଉପରେ ମୋତେ ଲେଟେଇ ଦେବାପାଇଁ
ଆଉ ମୋତେ ନେଇ ଯିବା ପାଇଁ
ମୋର ମୌନତା ଭିତକରୁ
ସେଠି ରହିଥାଏ ବିନିଦ୍ର ପବନ
ଯିଏ ନଷ୍ଟ କରିଦିଏ ମୋ ନିଦ୍ରାକୁ
ଆଉ ତାହା ଭିତରୁ ପତ୍ରଗୁଡ଼ିକ ଝଡ଼ିପଡ଼େ,
ସେଗୁଡ଼ିକ ଖସେ ଛୁରି ପରି
ମୋ ଉପରେ,
ମୋତେ ରକ୍ତାକ୍ତ କରି।

ଆଉ ପ୍ରତିଟି କ୍ଷତରେ ରହିଚି
ତୁମ ମୁହଁର ଆକାର।

ଅନୁପସ୍ଥିତି

ହୁଏତ ମୁଁ କେବେ ତୁମକୁ ଭୁଲିଛି
ଯେତେବେଳ ଯାଏଁ ତୁମେ ମୋ ଭିତରେ ରହିଛ, ସ୍ଫଟିକ ପରି,
ଅଥବା କଂପମାନ ହୋଇ,
ଅଶାନ୍ତ ଭାବରେ, ମୋ ଦ୍ୱାରା ଆଘାତ ପ୍ରାପ୍ତ ହୋଇ କରି
କିମ୍ବା ପ୍ରେମରେ ଅଭିଭୂତ,
ଯେବେ ତୁମର ଆଖି ବନ୍ଦ ହୋଇ ରହିଥାଏ
ଜୀବନର ଉପହାର ପାଇ
ଯାହା ମୁଁ ତୁମକୁ ଦିଏ ଅବିରତ।

ମୋର ପ୍ରେୟସୀ,
ଆମେ ପାଇଛେ ପରସ୍ପରକୁ
ତୃଷାତୁର ହୋଇଥିବାର
ଆଉ ଆମେ ସବୁତକ ପାଣି ଏବଂ ରକ୍ତ
ପିଇ ଯାଇଛେ,
ଆମେ ପାଇଛେ ପରସ୍ପରକୁ
କ୍ଷୁଧାର୍ତ୍ତ ହୋଇଥିବାର
ଆଉ ଆମେ କାମୁଡ଼ିଛେ ପରସ୍ପରକୁ
ଯେମିତି ନିଆଁ ଆମକୁ କାମୁଡ଼ି ଥାଏ,
ଆମ ଦେହରେ କ୍ଷତ ଛାଡ଼ି ଯାଏ।

କିନ୍ତୁ ମୋ ପାଇଁ ଅପେକ୍ଷା କର,
ତୁମର ମଧୁରତା ବଞ୍ଚାଇ କରି ରଖ ମୋ ପାଇଁ।
ମୁଁ ବି ତୁମକୁ ଗୋଟିଏ ଗୋଲାପ
ଅର୍ପଣ କରିବି।

ଲିପ୍ସା

ବାଘ

ମୁଁ ବାଘ।
ଓଦା ଧାତୁ ପରି ଚଉଡ଼ା ପତ୍ରର ଆଢୁଆଳରେ
ମୁଁ ତୁମ ପାଇଁ ଅପେକ୍ଷା କରି ଲେଟି କରି ରହିଛି।

ଘନ କୁୟାଶାରେ ନଦୀଟାକୁ ଧପଧପ ଧଳା ଦେଖିଛି।
ଧୀରେ ଧୀରେ ତୁମେ ଆଟୋଇ ଆସି,
ସଂପୂର୍ଣ୍ଣ ନଗ୍ନ ଭାବରେ ପାଣିରେ ନିମ୍ମଜିତା ହେଲ।
ମୁଁ ଅପେକ୍ଷା କରେ।
ତାପରେ ମୁଁ ଚକିତ ହୋଇ ଜ୍ୱଳନ୍ତ ଅଗ୍ନିପିଣ୍ଡ ପରି
ଝାଂପ ଦିଏ,
ରକ୍ତ, ଦାନ୍ତ ଆଉ ନଖରେ ଫାଳ ଫାଳ କରି
କାଟି ପକାଏ
ତୁମର ସ୍ତନ, ତୁମର ନିତମ୍ବ।

ପ୍ରତିଟି ଅଙ୍ଗ ପ୍ରତ୍ୟଙ୍ଗ ଟୁକୁଡ଼ା ଟୁକୁଡ଼ା କରି ଛିଣ୍ଡାଇ
ପାନ କରେ ତୁମର ରକ୍ତ।

ଆଉ ତାପରଠାରୁ
ବର୍ଷ ପରେ ବର୍ଷ
ଗଭୀର ଅରଣ୍ୟରେ
ତୁମର ଅସ୍ଥି, ତୁମର ପାଉଁଶ ଉପରେ,
ନିଶ୍ଚଳ ଭାବରେ,
ତୁମ ମୃତ୍ୟୁରେ ନିରସ୍ତ୍ର ହୋଇ,
ଘୃଣା ଏବଂ କ୍ରୋଧର ସହିତ
ପାହାଡ଼ିଆ ନଦୀର ଆରପଟେ,
ନିଶ୍ଚଳ ହୋଇ ବୃଷ୍ଟିରେ
ଅପଲକ ଚକ୍ଷୁରେ ଅନେଇ କରି ରହେ
ମୋର ହିଁ ହତ୍ୟା-ପିପାସୁ ଭଲପାଇବାର ପ୍ରହରୀ।

ଶାଗୁଣା

ମୁଁ ଶାଗୁଣା, ମୁଁ
ଉଡୁଛି ତୁମ ଉପରେ ଯିଏ
ଚାଲିବାରେ ବ୍ୟସ୍ତ
ଏବଂ ଅଚାନକ
ପବନ, ଡେଣା, ମୁନିଆ ନଖର ସାହାଯ୍ୟରେ
ମୁଁ ତୁମ ଉପରେ
ଆକ୍ରମଣ କରୁଛି
ଆଉ ତୋଫାନୀ ଥଣ୍ଡାର
ସିଟି ବଜାଇ ବଜାଇ ଚକ୍ରବାତରେ
ତୁମକୁ ଉଠାଇ ନେଉଛି ।

ଆଉ ମୁଁ ତୁମକୁ ନିଜର ତୁଷାର ମିନାର ଯାଏଁ,
ନିଜର ଅନ୍ଧକାରମୟ ଚକ୍ଷୁଯାଏଁ
ନେଇ ଯାଉଛି
ଏବଂ ତୁମେ ଏକେଲା ହୋଇ ରହି ଯାଉଛ,
ଆଉ ତୁମେ ନିଜକୁ ଡେଣାରେ ଢାଙ୍କି ଦେଉଛ
ପୁଣି ତୁମେ ଦୁନିଆର ଉପରେ,
ଉଚ୍ଚସ୍ଥାନରେ ଉଡୁଛ
ନିଶ୍ଚଳ ହୋଇ ।

ମାଇ ଶାଗୁଣା, ଆସ
ଆମେ ଏହି ଲାଲ ଶିକାର ଉପରେ
ଝାଂପ ଦେବା
ଧକ ଧକ ହେଉଥିବା ଜୀବନକୁ
ଫାଡ଼ିଫୁଡ଼ି ଦେବା
ଏବଂ ଆପଣାର ଜଙ୍ଗଲୀ ଉଡ଼ାଣକୁ
ଏକା ସାଙ୍ଗରେ ଉଠାଇ ନେବା ।

କୀଟ

ତୁମ ନିତମ୍ବର ତଳକୁ ପାଦଯାଏଁ
ମୁଁ ଚାହେଁ କରିବାକୁ ଦୀର୍ଘଯାତ୍ରା ।

ଗୋଟିଏ କୀଟଠାରୁ ମଧ୍ୟ ମୁଁ କ୍ଷୁଦ୍ର ।

ଯବ ରଂଗର ଏହି ଗିରିସଂକଟ
ଉପର ଦେଇ,
ଅଣଓସାରିଆ ହିଡ଼ବାଟ ଯାହାକୁ ମୁଁ ଜାଣିଛି
ଅତିକ୍ରମ କଲି,
ଗରମ ହୋଇଥିବା ସେଣ୍ଟିମିଟର,
ମ୍ଳାନ ଦୃଷ୍ଟିକୋଣ ।

ଏବେ ଏଠି ରହିଛି ଗୋଟିଏ ପାହାଡ଼,
ମୁଁ କେବେହେଲେ ଏଇଟିକୁ ଛାଡ଼ିବିନି ।
ଶିଉଳିର କେଡ଼େ ବିଶାଳ ଗଦା !
ଆଉ ଗୋଟିଏ ଗର୍ତ୍ତ, ଗୋଟିଏ ଗୋଲାପ
ଓଦା ନିଆଁର !

ଗୋଟିଏ ସର୍ପିଳ ପଥରେ ତଳକୁ
ତୁମ ଗୋଡ଼ପାଖକୁ
ଖସି ଆସିଲି,
କିମ୍ବା ନିଦ୍ରାଳୁ ରାସ୍ତା ଉପରକୁ,
ଆଉ ପହଞ୍ଚିଗଲି ଆଣ୍ଠୁ ପାଖରେ,
ଶକ୍ତ ଗୋଲେଇ
ଯେମିତି କଠିନ ଚୂଡ଼ା
ଗୋଟିଏ ଉଜ୍ଜ୍ୱଳ ମହାଦେଶର ।

ତୁମ ପାଦଆଡ଼କୁ ଖସି ଆସି
ମୁଁ ପହଞ୍ଚେ
ଆଠ ଗୋଟି ଅନାବୃତ ସ୍ଥାନ
ତୁମର ତୀକ୍ଷ୍ଣ, ଧୀର,
ଗୋଇଠିର ଉପଦ୍ୱୀପକୁ
ଏବଂ ସେଗୁଡ଼ିକ ପାଖରୁ ମୁଁ ତଳକୁ ଖସି ପଡ଼େ
ଶ୍ୱେତ ଚାଦରର ଶୂନ୍ୟତାକୁ,
ଅନ୍ଧଭାବରେ ଚାହିଁ କରି ରହେ
ଆଉ କ୍ଷୁଧାତୁର ଭାବରେ ତୁମର ଜ୍ୱଳନ୍ତ ପିଆଲାର
ସୀମାସୂଚକ ରେଖାକୁ।

କ୍ରୋଧ

ପ୍ରେମ

କଣ ଗଡ଼ବଡ଼ ହୋଇ ରହିଛି ତୁମ ସହିତ,
ଆମ ସହିତ,
ଆମର କଣ ହେଉଛି ?
ଆଃ ଆମ ପ୍ରେମ ହେଉଛି ଗୋଟିଏ ରୁକ୍ଷ ଦଉଡ଼ି
ଯାହା ଆମକୁ ବାନ୍ଧି ଦେଉଛି
କ୍ଷତ ବିକ୍ଷତ କରି
ଏବଂ ଆମେ ଯେତେବେଳେ ଚାହୁଁଛେ
ଆମ କ୍ଷତକୁ ପରିତ୍ୟାଗ କରିବା ପାଇଁ,
ଚାହୁଁଛେ ଅଲଗା ହୋଇଯିବା ପାଇଁ,
ଏହା ଆମ ଲାଗି ଗୋଟିଏ ନୂଆ ଗଣ୍ଠି ତିଆରି କରୁଛି
ଏବଂ ଆମକୁ ନିନ୍ଦା କରୁଛି ରକ୍ତ ବୁହାଇବାକୁ
ଆଉ ଜଳିବାକୁ ଏକାସାଙ୍ଗରେ ।

କଣ ଗଡ଼ବଡ଼ ରହିଛି ତୁମ ସହିତ ?
ମୁଁ ତୁମ ଆଡ଼େ ଦେଖୁଛି
ଏବଂ କିଛି ଦେଖିବାକୁ ପାଉନି କେବଳ ଆଖିଦୁଇଟିକୁ ଛାଡ଼ି
ଯାହା ଦେଖିବାକୁ ସବୁ ଆଖିଗୁଡ଼ିକ ପରି,
ଗୋଟିଏ ମୁହଁ ଯାହା ହଜି ଯାଇଛି ହଜାରେ
ମୁହଁ ଭିତରେ
ଯାହାକୁ ମୁଁ ଚୁମୁଛି,
ଗୋଟିଏ ଦେହ, ଠିକ୍ ସେହି ଦେହଗୁଡ଼ିକ ପରି
ଖସି ପଡ଼ଇଛି ମୋ ଦେହ ଭିତରେ
କୌଣସି ସ୍ମୃତିକୁ ନ ରଖି ।

ଆଉ ତୁମେ କେତେ ଫମ୍ପା
ଚାଲିଯାଇଛ ବିଶ୍ୱ ଭିତର ଦେଇ

ଗୋଟିଏ ଗହମ-ରଂଗର ଜାର୍ ପରି
ବିନା ପବନ, ବିନା ଶବ୍ଦ, ବିନା ଅସ୍ତିତ୍ୱ !
ମୁଁ ଖାଲିଟାରେ ତୁମ ଭିତରେ ଖୋଜୁଛି
ମୋ ବାହୁଗୁଡ଼ିକ ପାଇଁ ଗଭୀରତା
ଯାହା ଅବିରାମ ଖୋଦନ କରେ
ଧରିତ୍ରୀର କୋଳକୁ,
ତୁମ ତ୍ୱଚାର ତଳକୁ,
ତୁମ ଆଖିର ତଳକୁ,
କିନ୍ତୁ ସବୁ ବେକାର,
କଷ୍ଟକର ପରିସ୍ଥିତିରେ ବି କେବେ ଉଠିଲା
କୌଣସି ପାରଦର୍ଶୀ ଆବେଗ
ତୁମର ଦୁଇ ତରଫ ଛାତିର ତଳେ
ଯାହାକୁ ଜଣା ନାହିଁ
ସିଏ କାହିଁକି ଗୀତ ଗାଇବାରେ ଲାଗିଛି !

କାହିଁକି, କାହିଁକି, କାହିଁକି,
ମୋର ପ୍ରିୟତମା !
କାହିଁକି ?

ସର୍ବଦା

ମୁଁ ତା ଉପରେ ଈର୍ଷା କରୁନି
ଯିଏ ଆସିଲା ମୋ ପୂର୍ବରୁ।

କୌଣସି ଜଣେ ଲୋକ ସହିତ ଆସ
ନିଜ କାନ୍ଧ ଉପରେ ତାକୁ ବସାଇ କରି
ନିଜର ଦୀର୍ଘକେଶର ଶହେଜଣ ଲୋକଙ୍କୁ
ନେଇ କରି ଆସ,
ନେଇ କରି ଆସ ହଜାରେ ଜଣଙ୍କୁ ନିଜର ଛାତି
ଆଉ ପାଦ ମଝିରେ।

ଆସ କୌଣସି ନଦୀ ଭଳିଆ
ଯାହା ଭର୍ତ୍ତି ହୋଇ ରହିଥାଏ ବୁଡ଼ି ଯାଇଥିବା ଲୋକମାନଙ୍କୁ ନେଇ
ଯାହା ଭେଟେ ଦୁର୍ଦ୍ଦାନ୍ତ ସମୁଦ୍ରକୁ,
ଅନନ୍ତକାଳୀନ ଫେଣକୁ, ପାଣିପାଗକୁ।

ସେସବୁକୁ ନେଇ କରି ଆସ
ଯେଉଁଠି ମୁଁ ତୁମର ଅପେକ୍ଷାରତ:
ଆମେ ସର୍ବଦା ଏକେଲା ହୋଇ ରହିବା
ଆମେ ସର୍ବଦା ରହିବା, ତୁମେ ଆଉ ମୁଁ,
ଏକେଲା ହୋଇ ଏହି ଦୁନିଆରେ
ଆମ ଜୀବନର ଆରମ୍ଭ କରିବା ପାଇଁ।

ଖସି ପଡ଼ିବା

ଯଦି ତୁମ ପାଦ ପୁଣି ଖସଡ଼ି ଯାଏ
ତାହେଲେ ତାକୁ କାଟି କରି ଅଲଗା କରିଦିଆଯିବ।

ଯଦି ତୁମ ହାତ ଅନ୍ୟ ଗୋଟିଏ
ବାଟ ଆଡ଼କୁ କଢ଼ାଏ
ତାହାଲେ ତାହା ସଢ଼ି ଯିବ।

ଯଦି ତୁମେ ତୁମର ଜୀବନକୁ ମୋ ପାଖରୁ ନେଇ ଯାଅ
ତୁମେ ମରିଯିବ
ଯଦିଓ ତୁମେ ବଞ୍ଚିରହିଥିବ।

ତୁମେ ଖାଲିଟାରେ ଘୂରିବୁଲୁଥି
ମୋ ବିନା, ଅଥବା
ଛାଇ ପରି ଧରଣୀ ଉପରେ।

ପ୍ରଶ୍ନ

ପ୍ରେୟସୀ, ଗୋଟିଏ ପ୍ରଶ୍ନ
ତୁମକୁ ନଷ୍ଟ କରି ଦେଇଛି।

ମୁଁ ତୁମ ପାଖକୁ ଫେରି ଆସିଛି
କଣ୍ଟକିତ ଅନିଶ୍ଚିତତାର ଭିତରୁ।

ମୁଁ ତୁମକୁ ଚାହେଁ ଗୋଟିଏ ସିଧା ତରବାରୀ
ଅଥବା ସଡ଼କ ପରି।

କିନ୍ତୁ ତୁମେ ଛାୟାର ଗୋଟିଏ କୋଣ
ତିଆରି କରି ରଖିବା ଉପରେ
ଜୋର୍ ଦେଉଛ
ଯାହା ମୁଁ ଚାହୁଁନି।

ମୋର ପ୍ରେୟସୀ,
ମୋତେ ବୁଝିବାକୁ ଚେଷ୍ଟାକର,
ମୁଁ ତୁମ ସମସ୍ତଙ୍କୁ ଭଲ ପାଉଛି,
ଆଖିରୁ ନେଇ କରି ପାଦଯାଏ,
ପାଦର ନଖ ପର୍ଯ୍ୟନ୍ତ,
ଭିତରର
ସବୁ ଚମକ, ଯାହା ତୁମେ ସଂଜୋଇ କରି ରଖିଛ।

ଇଏ ହେଉଛି ମୁଁ, ମୋର ପ୍ରେୟସୀ,
ଯିଏ ତୁମ ଦୁଆରକୁ ବାଡ଼ଉଛି।
ଇଏ ଭୂତ ନୁହେଁ, ଇଏ ନୁହେଁ ଜଣେ
ଯିଏ ରୋକିଥିଲା
ତୁମ ଝରକା ପାଖରେ।

ମୁଁ ଦୁଆରକୁ ଖଟଖଟ କରେ:
ମୁଁ ତୁମ ଜୀବନରେ ପ୍ରବେଶ କରେ:
ମୁଁ ତୁମ ଆତ୍ମା ଭିତରେ ବସବାସ କରିବାକୁ ଆସିଛି:
ତୁମେ ମୋ ସାମ୍ନା କରି ପାରିବନି।

ତୁମକୁ ଦୁଆର ଖୋଲିବାକୁ ପଡ଼ିବ,
ତୁମେ ମୋ କଥା ମାନିବା ଉଚିତ,
ତୁମକୁ ଆଖି ଖୋଲିବାକୁ ହେବ
ଯାହା ଫଳରେ
ମୁଁ ସେଗୁଡ଼ିକ ଭିତରେ
ଖୋଜିବି,
ତୁମେ ଦେଖିବା ଉଚିତ ମୁଁ କେମିତି ଚାଲେ
ଭାରି ପାହୁଣ୍ଡ ପକାଇ
ସବୁ ସଡ଼କଗୁଡ଼ିକରେ
ଯିଏ, ଅନ୍ଧ ଭାବରେ, ଥିଲେ ମୋର ଅପେକ୍ଷାରାତ।

ଡରନି,
ମୁଁ ତୁମର,
କିନ୍ତୁ
ମୁଁ ଭିକାରୀ କିମ୍ବା ଯାତ୍ରୀ ନୁହେଁ,
ମୁଁ ତୁମ ମାଲିକ୍,
ତୁମେ ଥିଲ ଯାହାର ଅପେକ୍ଷାରେ,
ଏବଂ ଏବେ ମୁଁ ପ୍ରବେଶ କରୁଛି
ତୁମ ଜୀବନରେ,

କେବେହେଲେ ତାକୁ ଛାଡ଼ିବି ନାଇଁ,
ପ୍ରେୟସୀ, ପ୍ରେୟସୀ, ପ୍ରେୟସୀ,
କିନ୍ତୁ ରହିବା ପାଇଁ।

ନଷ୍ଟକାରିଣୀ

ମୁଁ ସବୁ ମହିଳାମାନଙ୍କ ଭିତରୁ
ଏଇଥିପାଇଁ ବାଛିଲି ଯେ
ତୁମେ ଧରଣୀ ଉପରେ
ମୋ ହୃଦୟକୁ ଦୋହରାଇ ପାରିବ
ଯାହା ଟାସେଲ୍ ସହିତ ନାଚୁଛି
କିମ୍ବା ଆବଶ୍ୟକ ହେଲେ
ବିନା କୌଣସି ପ୍ରତିବନ୍ଧରେ
ଲଢ଼େଇ କରୁଛି ।

ମୁଁ ତୁମକୁ ପଚାରିଛି, ମୋ ପୁଅ କେଉଁଠି ?

ମୁଁ କଣ ତୁମ ଭିତରେ ମୋ ନିଜର
ସମ୍ଭାବନା କରି ପାରିବିନି,
ନିଜକୁ ଚିହ୍ନି କରି,
ଏବଂ ନିଜକୁ କହିବି:
"ନିଜର ଲଢ଼ାଇ ଆଉ ନିଜର ଗୀତକୁ
ଜାରି ରଖିବା ପାଇଁ
ଧରଣୀ ଉପରକୁ ଆସ ।"

ମୋତେ ମୋ ପୁଅକୁ ଫେରେଇ ଦିଅ !

ତୁମେ କଣ ତାକୁ ଆନନ୍ଦର ଦ୍ୱାର ନିକଟରେ
ଭୁଲି ଯାଇଛ,
ହେ ଶତ୍ରୁ ନଷ୍ଟକାରିଣୀ,
ତୁମେ କଣ ଭୁଲି ଯାଇଛ ଯେ
ସାକ୍ଷାତ ଦେବା ପାଇଁ ମିଳନ ସ୍ଥଳକୁ

ତୁମେ ଆସିଛ,
ଗଭୀରତମ, ଯାହା ଭିତରେ ଆମେ ଦୁହେଁ,
ଏକତ୍ରିତ ହୋଇ
ତା ମୁହଁରେ କହିବା, ମୋର ପ୍ରେୟସୀ,
ଯାହା କିଛି ଆମେ କଲେ,
ପରସ୍ପରକୁ କହିବା ପାଇଁ ସକ୍ଷମ
ହୋଇ ପାରିଲେନି ?

ଯେତେବେଳେ ମୁଁ ଉଠାଇବି ତୁମକୁ
ନିଆଁର ଢେଉ ଏବଂ ରକ୍ତର ଲହଡ଼ି ଉପରକୁ,
ଏବଂ ଆମ ଭିତରେ ଦୁଇଗୁଣ
ହୋଇଯିବ ଜୀବନ,
ମନେ ରଖ ଯେ
କେହି ଜଣେ ଆମକୁ ଡାକୁଛି
ଆଉ ଆମେ ଉତ୍ତର ଦେଉନେ
ଏବଂ ଆମେ ଜୀବନ ଆଗରେ
ଏକେଲା ଓ ଭୀରୁ ହୋଇ
ରହି ଯାଉଛେ
ଯାହାକୁ ଆମେ ପ୍ରତ୍ୟାଖ୍ୟାନ କରୁଛେ ।

ନଷ୍ଟକାରିଣୀ,
ଦ୍ୱାର ଖୋଲିଦିଅ,
ଏବଂ ତୁମ ହୃଦୟରେ ବନ୍ଧା ହୋଇଥିବା
ଅନ୍ଧ ଗଣ୍ଠିଟିକୁ ଢିଲା କରି ଦିଅ
ଆଉ ତୁମର ଓ ମୋର ରକ୍ତର ସହିତ
ସାରା ଦୁନିଆରେ ଉଡ଼ି ବୁଲୁ ଥାଅ ।

ପ୍ରପୀଡ଼ିତା

ମୁଁ ତୁମକୁ ଆଘାତ କରୁଛି, ମୋର ପ୍ରେୟସୀ,
ମୁଁ ତୁମ ଆତ୍ମାକୁ ଫାଡ଼ି ଦେଉଛି,
ମୋତେ ବୁଝିବାକୁ ଚେଷ୍ଟା କର।
ସମସ୍ତେ ଜାଣନ୍ତି ମୁଁ କିଏସେ,
କିନ୍ତୁ ଏହା ଯେ "ମୁଁ"
ତୁମ ପାଇଁ
ପୁରୁଷ ଛଡ଼ା ଆଉ କିଛି।

ତୁମ ଭିତରେ ମୁଁ ଡଗମଗ ହୁଏ,
ତଳକୁ ଖସି ପଡ଼େ
ଏବଂ ଜଳି କରି ଉପରକୁ ଉଠେ।
ସବୁ ପ୍ରାଣୀମାନଙ୍କ ଭିତରୁ
ମୋତେ କମ୍‌ଜୋର ଦେଖିବାର ଅଧିକାର
ତୁମର ରହିଛି।
ଆଉ ରୁଟି ଓ ଗୀଟାରର
କ୍ଷୁଦ୍ର ହାତ ତୁମର
ମୋ ଛାତିକୁ ଛୁଇଁବା ଆବଶ୍ୟକ
ଯେତେବେଳେ ତାହା ଯୁଦ୍ଧ କରିବାକୁ
ବାହାରି ପଡ଼େ।

ସେଥିପାଇଁ ତୁମ ଭିତରେ ମୁଁ ଖୋଜୁଛି
ଦୃଢ଼ ପଥର।
କଠୋର ହାତକୁ ମଁ ତୁମ ରକ୍ତରେ
ବୁଡ଼ାଉଛି
ଖୋଜିବା ପାଇଁ ତୁମର ଦୃଢ଼ତା
ଏବଂ ଗଭୀରତା

ଯାହାକୁ ମୁଁ ଲୋଡ଼େ,
ଆଉ ଯଦି ମୋତେ ମିଳିଯାଏ
ତୁମର ଧାତ୍ୱିକ ହସ,
ଯଦି ମୋତେ ନିଜର କଠୋର ପାହୁଣ୍ଡକୁ
କରିବା ପାଇଁ କିଛି ବି ମିଳେନି,

ଆଉ ମୋର ବିଷାଦତା ଓ କ୍ରୋଧକୁ
ସ୍ୱୀକାର କରେ,
ମୋ ଶତ୍ରୁର ହାତ ତୁମକୁ ଟିକିଏ
ନଷ୍ଟ କରିବ
ଯାହା ଫଳରେ ତୁମେ ମୋର ସଂଘର୍ଷ ପାଇଁ
ମାଟି ଭିତରୁ ଉଠି ଆସିବ।

କୂଅ

ବେଳେ ବେଳେ ତୁମେ ବୁଡ଼ି ଯାଅ, ତୁମେ ଖସି ପଡ଼
ତୁମ ନୀରବତାର ଗହ୍ୱର ଭିତରେ,
ତୁମ ଗର୍ବିତ କ୍ରୋଧର ଗର୍ତ୍ତରେ,
ଏବଂ ଫେରିଆସିବା ତୁମ ପକ୍ଷରେ କଷ୍ଟସାଧ୍ୟ ହେବ,
ତଥାପି ସବୁ ଅବଶେଷକୁ ବହନ କରି ଚାଲିଥାଅ
ନିଜ ଅସ୍ତିତ୍ୱର ଗଭୀରତା ଭିତରେ
ଯାହା ତୁମେ ପ୍ରାପ୍ତ କଲ।

ମୋ ପ୍ରିୟତମା, କଣ ତୁମକୁ ମିଳେ
ତୁମର ଅନ୍ଧକୂପ ଭିତରେ ?
ଶୈବାଳ, ଦଳ, ଚଟ୍ଟାଣ ?
ଅନ୍ଧ ଆଖିରେ ତୁମେ କ'ଣ ଦେଖିଛ,
ତିକ୍ତତା ଓ ଆଘାତ ସହିତ !

ପ୍ରିୟତମା, ଯେଉଁ କୂଅରେ ତୁମେ ଖସି ପଡୁଛ
ସେଠି କିଛି ପାଇବନି
ଯାହା ମୁଁ ରଖିଛି ତୁମପାଇଁ ଉଚ୍ଚ ସ୍ଥାନରେ:
ଜୁଇଫୁଲର କାକରଯୁକ୍ତ ଗୋଟିଏ ଗୁଚ୍ଛ,
ଗୋଟିଏ ଚୁମ୍ବନ, ତୁମ ଗର୍ତ୍ତ ଅପେକ୍ଷା ଅଧିକ ଗଭୀର।

ମୋତେ ଡରନି,
ପୁଣି ଥରେ ଖସି ପଡ଼ିନି ନିଜର ବିଦ୍ୱେଷର ଗର୍ତ୍ତରେ।
ମୋର ସେହି ଶବ୍ଦ ପାଖରୁ ମୁକ୍ତି ପାଅ
ଯାହା ତୁମ ନିକଟକୁ ଆସେ
ଆହତ କରିବାର ଉଦ୍ଦେଶ୍ୟ ନେଇ,
ଏବଂ ତାକୁ ଉଡ଼ିଯିବାକୁ ଦିଅ ଖୋଲା ଝରକା ଦେଇ।

ତୁମ ମାର୍ଗ-ଦର୍ଶନ ବିନା ବି ତାହା ମୋ ପାଖକୁ ଆସିବ
ମୋତେ ଆହତ କରିବା ଉଦ୍ଦେଶ୍ୟରେ
କାରଣ ତାହା ଲଦା ହୋଇ ରହିଛି ଗୋଟିଏ ଅପ୍ରିୟ କ୍ଷଣରେ
ଆଉ ମୋ ଛାତି ଉପରେ ତାହା ନିଷ୍କ୍ରିୟ ହେବ।

ମୋ ଆଡ଼େ ଚାହଁ ତୁମର ଉଲ୍ଲସିତ ହସ ହସ ମୁହଁରେ
ଯଦି ମୋ ମୁହଁ ତୁମକୁ ଆଘାତ ପ୍ରଦାନ କରୁଛି।
ମୁଁ ପରୀକଥାରେ ଥିବା ଶାଳୀନ ମେଷପାଳକ ନୁହେଁ
କିନ୍ତୁ ଜଣେ ଭଦ୍ର ସ୍ୱଭାବର ବନବାସୀ
ଯିଏ ତୁମ ସହିତ ଅଂଶୀଦାର
ଏହି ଧରଣୀ, ପବନ ଓ ପାହାଡ଼ିଆ କଣ୍ଟାର।

ମୋତେ ପ୍ରେମ କର, ତୁମେ ମୋ ଆଡ଼େ ଅନେଇ କରି ହସ,
ଭଲ ମଣିଷ ହେବାପାଇଁ ମୋତେ ସାହାଯ୍ୟ କର ।
ମୋ ଭିତରେ ଥିବା ତୁମ ନିଜକୁ ତୁମେ ଆହତ କରନି,
କାରଣ ତାହା ବ୍ୟର୍ଥ ହେବ,
ମୋତେ ଆହତ କରନି କାରଣ ତାହା ଫଳରେ
ତୁମେ ନିଜକୁ ଆହତ କରିବ।

ସ୍ୱପ୍ନ

ବାଲି ଉପରେ ଚାଲୁ ଚାଲୁ
ମୁଁ ସ୍ଥିର କଲି ତୁମକୁ ଛାଡ଼ି ଦେବା ପାଇଁ।

ମୁଁ ପାଦ ରଖୁଥିଲି କୃଷ୍ଣ ମୃତ୍ତିକା ଉପରେ
ଯାହା ଥରୁଥିଲା।
ଆଉ ମୁଁ, ତା ଭିତରେ ଧସି ହୋଇ ଯାଉଥିଲି
ଏବଂ ବାହାରି ଆସୁଥିଲି,
ଯାହାକୁ ତୁମେ ଦାବୁଥିଲ ଗୋଟିଏ
ପାଷାଣ ଖଣ୍ଡ ପରି,
ଆଉ କ୍ରମଶ ମୁଁ ତୁମ କ୍ଷତିର ହିସାବ କରି ଦେଖୁଥିଲି:
ତୁମ ମୂଳକୁ କାଟିଦେବା ପାଇଁ,
ପବନରେ ତମକୁ ଏକେଲା ଛାଡ଼ି ଦେବା ପାଇଁ।

ସେହି ମୁହୂର୍ତ୍ତରେ
ମୋର ପ୍ରେୟସୀ, ଗୋଟିଏ ସ୍ୱପ୍ନ
ତାର ଭୟାବହ ଡେଣାରେ
ତୁମକୁ ଢାଙ୍କି ଦେଉଥିଲା।

ତୁମେ ଅନୁଭବ କଲ ମାଟି ତୁମକୁ ଗିଳି ଦେବାର,
ତମେ ମୋତେ ଡାକିଲ, ଆଉ
ମୁଁ ଆସିଲିନି,
ତୁମେ ଥିଲ ନିଶ୍ଚଳ,
ନିଜକୁ ରକ୍ଷା କରିବା ବିନା
ବାଲିରେ ପୋତି ହୋଇଯିବା ଯାଏଁ।

ତାପରେ
ମୋର ନିଷ୍ପତ୍ତି ମୁହାଁମୁହିଁ ହେଲା
ତୁମ ସ୍ୱପ୍ନର
ଆଉ ସେହି ଫାଟ ପାଖରୁ
ଯାହା ଆମ ହୃଦୟକୁ ଭାଙ୍ଗୁଥିଲା
ଆମେ ପୁଣି ଥରେ କୌଣସି ଅସୁବିଧା ବିନା
ବାହାରି ଆସିଲେ, ଉଲଗ୍ନ ହୋଇ,
ପରସ୍ପର ପ୍ରତି ପ୍ରେମଭାବ ରଖି
ସ୍ୱପ୍ନବିନା, ବାଲୁକାମୁକ୍ତ ହୋଇ,
ସଂପୂର୍ଣ୍ଣ ଓ ଉଜ୍ଜ୍ୱଳ,
ଅଗ୍ନିମୁଦ୍ରାଙ୍କିତ ।

ଯଦି ତୁମେ ମୋତେ ଭୁଲିଯାଅ

ମୁଁ ଗୋଟିଏ କଥା ତୁମକୁ
ଜଣାଇ ଦେବାକୁ ଚାହେଁ।

ତୁମେ ତାହା ଜାଣ:
ମୁଁ ଯଦି ସେହି ସ୍ୱଚ୍ଛ ଜହ୍ନ ଆଡ଼େ ଅନାଏ,
ମୋ ଝରକା ପାଖରେ, ଶାନ୍ତ ଶରତର ଲାଲ ଶାଖାକୁ,
ଯଦି ମୁଁ ଛୁଇଁ କରି ଦେଖେ,
ନିଆଁ ପାଖରେ ପଡ଼ି ରହିଥିବା
ସ୍ପର୍ଶାତୀତ ପାଉଁଶ
କିମ୍ବା
ଶୁଖିଲା କାଠର ଗଣ୍ଡି,
ସବୁକିଛି ମୋତେ ଟାଣି ନେଇଯାଏ ତୁମ ଆଡ଼େ,
ସତେ ଯେମିତି ଯାହା କିଛି ଅଛି,
ସୁଗନ୍ଧ, ଆଲୋକ, ଧାତୁ,
ହେଉଛି ଛୋଟ ନୌକାସମୂହ ଯାହା ଭାସିଯାଏ
ତୁମର ଦ୍ୱୀପପୁଞ୍ଜ ଆଡ଼େ
ଯାହାସବୁ ମୋ ପାଇଁ ଅପେକ୍ଷାରତ।

ବେଶ୍, ଏଇନେ,
ଯଦି ଅଳ୍ପ ଅଳ୍ପ କରି ମୋ ପ୍ରତି ତୁମର ଅନୁରାଗ ଥମିଯାଏ
ତେବେ ମୋର ତୁମକୁ ଭଲ ପାଇବା ବି
ଅଳ୍ପ ଅଳ୍ପ କରି ଅସ୍ତମିତ ହୋଇ ଯିବ।

ଯଦି ଅକସ୍ମାତ
ତୁମେ ମୋତେ ଭୁଲିଯାଅ
ମୋତେ ଜମା ଖୋଜନି,

କାରଣ ମନେକର ଯେ ମୁଁ ତୁମକୁ ଭୁଲି ଯାଇଛି ।
ଯଦି ତୁମେ ଭାବ, ଏହା ବହୁକ୍ଷଣର ଏବଂ ଉଦ୍ମାଦନାପୂର୍ଣ୍ଣ,
ପବନ ପତାକାର ଚାଲିଯାଏ ମୋ ଜୀବନ ଭିତର ଦେଇ,
ଏବଂ ତୁମେ ଯଦି ସିଦ୍ଧାନ୍ତ ନିଅ
ମୋତେ ହୃଦୟର ତଟରେ ଛାଡ଼ିଯିବା ପାଇଁ
ଯେଉଁଠି ରହିଛି ମୋର ମୂଳ,
ମନେ ପକାଅ
ସେହି ଦିନ,
ସେହି ସମୟ,
ମୁଁ ମୋର ଦୁଇଟିଯାକ ହାତ ଉପରକୁ ଟେକି ଧରିବି
ଏବଂ ମୋର ମୂଳ ଯାତ୍ରା ଆରମ୍ଭ କରିବ
ଅନ୍ୟ କୌଣସି ଭୂଖଣ୍ଡକୁ ଖୋଜିବା ପାଇଁ ।

କିନ୍ତୁ
ଯଦି ପ୍ରତ୍ୟେକ ଦିନ,
ପ୍ରତି ଘଣ୍ଟାରେ,
ଯଦି ତୁମେ ଅନୁଭବ କର, ଉପଭୋଗ୍ୟ ମାଧୁର୍ଯ୍ୟରେ,
ତୁମେ ହିଁ ମୋର ନିର୍ଦ୍ଧାରିତ ନିୟତି,
ଯଦି ପ୍ରତିଦିନ ଗୋଟିଏ ଫୁଲ
ତୁମ ଓଠ ଉପରକୁ ଚଢ଼େ ମୋତେ ଖୋଜିବା ପାଇଁ,
ଆଗେ ମୋ ପ୍ରେୟସୀ, ଆଗୋ ମୋର ଏକାନ୍ତ ନିଜର,
ମୋ ଭିତରେ ବାରମ୍ବାର ଜଳି ଉଠିବ ସେହି ନିଆଁ,
ଏବେ ବି ମୋର କିଛି ନିଃଶେଷ ହୋଇନି କିମ୍ବା ବିସ୍ମୃତ ହୋଇନି,
ମୋର ଭଲପାଇବା ପୁଷ୍ଟି ଯୋଗାଏ ତୁମର ଭଲ ପାଇବାକୁ,
ପ୍ରିୟତମା,
ସାରା ଜୀବନ ତାହା ରହିବ ତୁମର ବାହୁ ବନ୍ଧନରେ
ମୋତେ ଛାଡ଼ିବା ବିନା ।

ବିସ୍ମରଣ

ଏହି ପୃଥିବୀ ପରି ବିସ୍ତୀର୍ଣ୍ଣ ନୀଡ଼ର ଯେତେ ଭଲପାଇବା,
ତାରକା ଆଉ କଣ୍ଟାରେ ଭରା ଯାହା କିଛି ପ୍ରେମ
ସେସବୁ ମୁଁ ତୁମକୁ ଦେଇଛି, ଅଥଚ ତୁମେ
ସବୁକିଛି ଦୁଇହାତରେ ଲିଭେଇ
ନିଆଁ ଉପର ଦେଇ
ତୁମର ଛୋଟ ପାଦ ଏବଂ ଗୋଇଠି ପକାଇ
ଚାଲି ଯାଇଛ।

ଆଃ, ମୋର ଭଲପାଇବାଟା କେତେ ବିଶାଳ, ପ୍ରିୟତମା !

ସଂଗ୍ରାମ ପାଖରୁ ମୁଁ କେବେ ବି ହଟିନି।
ଜୀବନ ପଥରେ ଆଗେଇଯିବାଠୁ ମୁଁ କେବେ କ୍ଷାନ୍ତ ହୋଇନି,
ଶାନ୍ତି, ସମସ୍ତଙ୍କ ପାଇଁ ରୁଟି,
କିନ୍ତୁ ମୁଁ ତୁମକୁ ଟେକି ଦେଇଛି ଦୁଇ ହାତରେ
ଏବଂ ଚୁମ୍ବନରେ ତୁମକୁ ଆମୂଳ ବିଦ୍ଧ କରିଛି
ଆଉ ତୁମ ଆଡ଼କୁ ଏମିତି ଅନେଇଛି
ଯେମିତି ଭାବରେ ପୃଥିବୀର କୌଣସି ମଣିଷ ଆଉ ତୁମ ଆଡ଼େ
କେବେହେଲେ ଅନେଇ ପାରିବନି।

ଆଃ, ମୋର ଭଲପାଇବାଟା କେତେ ବିଶାଳ, ପ୍ରିୟତମା !

ଯେଉଁ ମଣିଷଟିକୁ ଦୂରରେ ଘୁଞ୍ଚେଇ କରି ରଖିଥିଲି
ରକ୍ତ, ଗହମ ଆଉ ପାଣି
ତୁମେ ତାର ଗୁରୁତ୍ୱ କୌଣସି ଦିନ ଉପଲବ୍ଧି କରି ପାରିନ,
ତୁମେ ତାକୁ ଘାଘରାର ପ୍ରାନ୍ତରେ ଛୋଟ ଗୋଟିଏ ପତଙ୍ଗ ପରି ଠେଲି ଦେଇଛ ଦୂରକୁ।

ଆଃ, ମୋର ଭଲ ପାଇବାଟା କେତେ ବିଶାଳ, ପ୍ରିୟତମା !

ଭାବିନି ମୁଁ ଦୂରରେ ରହି ତୁମ ଆଡ଼େ ପଛକୁ ଫେରି ଦେଖିବି,
ତୁମେ ଯାହା ଫିଙ୍ଗି ଦେଇଛ ତା ଭିତରେ ମୁଁ ଗୁଞ୍ଜି ହୋଇକରି ରହିବି
କିମ୍ବା ବୁଲୁଥିବି ମୋର ବିଶ୍ୱାସଘାତକ ଆଲୋକଚିତ୍ରଟିର ଆଖପାଖରେ;
ଦୃଢ଼ ପାଦରେ ମୁଁ ଆଗେଇ ଯିବି,

ଉନ୍ମୁକ୍ତ କରିଦେବି ଛାଇରେ ଢଙ୍କା ଯେତେ ପ୍ରଶସ୍ତ ରାଜପଥ,
ମସୃଣ କରିବି ଏହି ପୃଥିବୀର ମାଟି,
ଯେଉଁମାନେ ଆସୁଛନ୍ତି ସେମାନଙ୍କ ପାଇଁ ବିଛେଇ ଦେବି ସମସ୍ତ ନକ୍ଷତ୍ର।

ରାତ୍ରି ନଇଁ ଆସିଛି, ବାଟ ଉପରେ ତୁମେ ଠିଆ ହୋଇ ରହ।
ହୁଏତ ଭୋରରେ
ଆମ ଦୁଇଜଣଙ୍କର ପୁଣି ଥରେ ଦେଖାହେବ।

ଆଃ, ଭଲପାଇବାଟା! କେତେ ବିଶାଳ, ପ୍ରିୟତମା !

ଝିଅମାନେ

ତୁମେ ଝିଅମାନେ
ଯିଏ ମହାନ ପ୍ରେମ, ମହାନ
ଏବଂ ଭୟାନକ ପ୍ରେମର ଖୋଜ୍‌ରେ ଥିଲ,
କଣ ହେଲା, ଝିଅମାନେ ?

ହୁଏତ
ସମୟ, ସମୟ ।

କାହିଁକି ନା ଏବେ,
ଏଇଠି ଅଛି, ଦେଖ ଯେ ସିଏ କେମିତି
ଏହି ସ୍ୱର୍ଗୀୟ ପଥରଗୁଡ଼ିକୁ ଘୋଷାଡ଼ି କରି,
ଫୁଲ ଏବଂ ପତ୍ରଗୁଡ଼ିକୁ
ନଷ୍ଟ କରି କରି,
ତୁମ ଦୁନିଆର ସବୁ ପଥରଗୁଡ଼ିକ
ଉପରେ
ଫେଣର ଶୋର୍ ସହିତ, ଶୁକ୍ରାଣୁ
ଏବଂ ଚମେଲୀର ଗନ୍ଧ ସହ,
ରକ୍ତସ୍ରାବୀ ଚନ୍ଦ୍ରର କଡ଼ ଦେଇ
ଚାଲି ଯାଉଛି !

ଆଉ ଏବେ ତୁମେ ନିଜର
ଛୋଟ ପାଦରେ,
ନିଜର ଛୋଟ ହୃଦୟରେ
ପାଣିକୁ ଛୁଉଁଛ
ଏବଂ ତୁମେ ଜାଣିନ ଯେ
କଣ କରିବ !

କିଛି ରାତ୍ରି ବେଳର ଯାତ୍ରା,
କିଛି ଡବା,
କିଛି ଅତ୍ୟନ୍ତ ମନୋରଂଜକ ଭ୍ରମଣ,
କିଛି ନୃତ୍ୟ ଅଧିକ ସୁନ୍ଦର
ଯାହାର ଯାତ୍ରା ଜାରି ରଖିବାଠାରୁ
ବଡ଼ କୌଣସି ପରିଣାମ ନାହିଁ !

ଡରରେ ମର କିମ୍ବା ଥଣ୍ଡାରେ
ଅଥବା ସଂଦେହରେ,
କାରଣ ମୁଁ ମୋର ବିଶାଳ
ପାହୁଣ୍ଡରେ
ତାକୁ ତୁମ ଭିତରେ ଅଥବା
ଦୂରରେ ପାଇବି,
ଏବଂ ସିଏ ମୋତେ ଖୋଜିବାକୁ ଲାଗିଲା,
ସିଏ ଯିଏ ପ୍ରେମ ଆଗରେ କଂପିବନି,
ସିଏ ଯିଏ ଏକ ହୋଇଯିବ
ମୋ ସହିତରେ
ଜୀବନ ବା ମୃତ୍ୟୁରେ।

ତୁମେ ଆସିବ

ତୁମେ ମୋତେ କଷ୍ଟ ଦେଇନ,
ଖାଲି ଅପେକ୍ଷା କରେଇଛ

ଗୁଡ଼େଇତୁଡ଼େଇ ହୋଇ ରହିଥିବା ସମୟ,
ପୂର୍ଣ୍ଣ ହୋଇ ରହିଛି
ସର୍ପଗୁଡ଼ିକୁ ନେଇ,
ଯେତେବେଳେ
ମୋର ହୃଦୟ ଅଟକି ଗଲା
ଆଉ ହେଲା ମୋର ଶ୍ୱାସରୁଦ୍ଧ,
ତୁମେ ଆସିବ ମୋ ସହିତ,
ତୁମେ ଆସିବ ହୋଇକରି ନିର୍ବସନା
ଏବଂ ଖଣ୍ଡିଆଖାବରା ହୋଇ,
ରକ୍ତାକ୍ତ ଅବସ୍ଥାରେ ତୁମେ ପହଞ୍ଚିବ ମୋ ବିଛଣା ପାଖରେ,
ମୋର ପରିଣୀତା,
ଆଉ ତାପରେ
ସାରା ରାତି ଆମେ ଚାଲୁଥିଲେ
ନିଦରେ
ଏବଂ ଯେତେବେଳେ ଆମେ ଚେଇଁଲେ
ସେତେବେଳେ ତୁମେ ଥିଲ ଅକ୍ଷତା ଓ ନବୀନା,
ସତେ ଯେମିତି ସ୍ୱପ୍ନ କଲା ପବନ
ନୂଆ କରି ପ୍ରଦାନ କରିଥିଲା ଅଗ୍ନି
ତୁମର ଅଳକଦାମକୁ
ଆଉ ଗହମ ଓ ରଜତରେ ନିମ୍ମଜିତ
ତୁମ ଶରୀର, ଯାହା ଜଗମଗ ହୋଇ ଉଠୁଥିଲା।

ମୁଁ କଷ୍ଟ ପାଇ ନଥିଲି, ମୋର ପ୍ରେୟସୀ
ମୁଁ କେବଳ ଅପେକ୍ଷାରତ ଥିଲି ତୁମ ପାଇଁ:
ଗଭୀର ସମୁଦ୍ର ଅଞ୍ଚଳକୁ ଛୁଇଁବା ପରେ
ତୁମ ହୃଦୟକୁ ଓ ଦୃଷ୍ଟିକୁ ବଦଳାଇବାକୁ ପଡ଼ିଥିଲା
ଯାହା ତୁମକୁ ଉଜ୍ଜ୍ୱଳ କରିଥିଲା ମୋ ଛାତିର ସ୍ପର୍ଶରେ।
ତୁମକୁ ଛାଡ଼ି କରି ଯିବାକୁ ପଡ଼ିଥିଲା ପାଣିକୁ
ସ୍ୱଚ୍ଛ ରୂପରେ ଯେମିତି ବୁନ୍ଦାଟିଏ
ଉଠାଇଥିଲା ଗୋଟିଏ ରାତିର ଲହଡ଼ି।

ମୋର ପରିଣୀତା, ତୁମକୁ ମରିବାକୁ ପଡ଼ିଥିଲା
ଏବଂ ତୁମେ ପୁନର୍ଜୀବିତା ହେଲ, ମୁଁ ଥିଲି ତୁମ ପାଇଁ
ଅପେକ୍ଷାରତ।
ତୁମକୁ ଖୋଜିବା ନେଇ ମୁଁ କିଛି କଷ୍ଟ ସହି ନ ଥିଲି,
କାହିଁକି ନା ମୁଁ ଜାଣିଥିଲି ତୁମେ ଆସିବ,
ଗୋଟିଏ ନୂଆ ନାରୀର ରୂପ ନେଇ କରି ଯାହାକୁ ମୁଁ ପସନ୍ଦ କରୁଥିଲି
ଯିଏ ଆଗରୁ ନ ଥିଲା ମୋ ପାଖରେ,
ତୁମର ଆଖି, ତୁମର ହାତ ଏବଂ ତୁମର ମୁହଁ ସହିତ
କିନ୍ତୁ ଅନ୍ୟ ଗୋଟିଏ ହୃଦୟକୁ ନେଇ,
ଯିଏ ପ୍ରତ୍ୟୁଷରେ ଥିଲା ମୋ ସାଙ୍ଗରେ
ସତେ ଯେମିତି ସିଏ ସେଠି ସବୁବେଳେ ଥିଲା
ମୋ ପାଖରେ ଅନନ୍ତକାଳ ଲାଗି ରହିବା ପାଇଁ।

ଜୀବନ

ପାହାଡ଼ ଓ ନଈ

ମୋ ଦେଶରେ ଗୋଟିଏ ପାହାଡ଼ ଅଛି।
ମୋ ଦେଶରେ ଗୋଟିଏ ନଈ ଅଛି।

ଆସ ମୋ ସହିତ।

ରାତି ପାହାଡ଼ ଉପରେ ଚଢୁଛି।
ଭୋକ ନଈ ଭିତରେ ଓହ୍ଲାଉଛି।

ଆସ ମୋ ସହିତ।

ସେମାନେ କିଏ ସେ ଯିଏ ଦୁଃଖ ସହୁଛନ୍ତି ?
ମୁଁ ଜାଣିନି, କିନ୍ତୁ ସେମାନେ ମୋର ଲୋକ।

ଆସ ମୋ ସହିତ।

ମୁଁ ଜାଣିନି, ସେମାନେ ମୋତେ ଡାକୁଛନ୍ତି
ଆଉ ମୋ ପାଖରେ ବଖାଣୁଛନ୍ତି: "ଆପଣାର ଦୁଃଖ"।

ଆସ ମୋ ସହିତ।

ଆଉ ସେମାନେ ମୋତେ କହୁଛନ୍ତି: "ତୁମର ଲୋକ
ତୁମର ଅଭାଗା ଲୋକ,
ପାହାଡ଼ ଓ ନଈ ମଝିରେ
ଭୋକ ଓ ବିପତ୍ତିରେ ଗ୍ରସ୍ତ,
ସେମାନେ ଏକୁଟିଆ ସଂଘର୍ଷ କରିବାକୁ ଚାହୁଁନାହାନ୍ତି
ବନ୍ଧୁ! ସେମାନେ ତୁମର ଅପେକ୍ଷା କରୁଛନ୍ତି।

ଓହ ! ତୁମେ ଯାହାକୁ ମୁଁ ପ୍ରେମ କରୁଛି,
କ୍ଷୁଦ୍ରପ୍ରାଣ, ଗହମର ଲାଲ ଦାନା,
କଠିନ ହେବ ସଂଘର୍ଷ
କଠିନ ହେବ ଜୀବନ
ଆସ, ତୁମେ ଆସିଯାଅ ମୋ ସହିତ।"

ଦରିଦ୍ରତା

ଆହାଃ, ତୁମେ ଚାହୁଁନ–
ତୁମେ ଡରି କରି ରହିଛ
ଦରିଦ୍ରତାକୁ,
ଘସି ହୋଇଯାଇଥିବା ଜୋତାକୁ ପିନ୍ଧିକରି ତୁମେ ବଜାରକୁ ଯିବାକୁ ଚାହୁଁନ
ଚାହୁଁନ ସେହି ପୁରୁଣା ପୋଷାକ ପିନ୍ଧି କରି ଫେରିବା ପାଇଁ ।

ମୋର ପ୍ରେୟସୀ, ଆମକୁ ପସନ୍ଦ ନୁହେଁ
ଯେଉଁ ପରି ଭାବରେ ଧନକୁବେରମାନେ ଆମକୁ ଦେଖିବାକୁ ଚାହୁଁଛନ୍ତି,
ଅର୍ଥଶୂନ୍ୟ ଅବସ୍ଥାରେ । ଆମେ
ଏହାକୁ ଉପାଡ଼ି କରି ଫିଙ୍ଗି ଦେବା ଦୁଷ୍ଟ ଦାନ୍ତ ପରି
ଯାହା ଏଯାଏଁ ମଣିଷର ହୃଦୟକୁ ଟିକି ଟିକି କାଟି ଆସୁଛି ।

କିନ୍ତୁ ମୁଁ ଚାହୁଁନି
ତୁମେ ଏହାକୁ ଦେଖି ଭୟଭୀତ ହେବା ପାଇଁ ।
ଯଦି ମୋ ଭୁଲ ଯୋଗୁ ସିଏ ତୁମ ଘରେ ପ୍ରବେଶ କରେ
ଯଦି ଦରିଦ୍ରତା ତୁମର ସୁନେଲି ଜୋତାକୁ
ଟାଣି କରି ନେଇଯାଏ,
ତାକୁ ନିଜ ହସକୁ ନେଇଯିବାକୁ ଦିଅନି
ଯାହା ଅଟେ ମୋ ଜୀବନର ରୁଟି ।

ଯଦି ତୁମେ ଭଡ଼ା ଦେଇ ପାରିବନି
ଗର୍ବର ସହିତ ପାହୁଣ୍ଡ ପକାଇ ବାହାରି ପଡ଼
କାମ ଖୋଜିବା ପାଇଁ,
ଆଉ ମନେ ରଖ, ମୋର ପ୍ରେୟସୀ, ମୁଁ ତୁମ ଉପରେ ନଜର ରଖୁଛି
ଏବଂ ଆମର ଏକାଠି ହେବା ହିଁ ବଡ଼ ସଂପତ୍ତି
ପୃଥିବୀ ଉପରେ ଯାହା ହୁଏତ କେବେ ଏକତ୍ରିତ
କରାଯାଇ ପାରିଥିବ କି ନାହିଁ ।

ଜୀବନ

ଆଃ ! ମୋତେ ବେଳେବେଳେ ଖରାପ ଲାଗେ
ଯେତେବେଳେ ମୁଁ ଅନୁଭବ କରେ
ତୁମେ ରହିଛ ମୋ ସହିତ,
ମଣିଷମାନଙ୍କ ଭିତରେ ବିଜୟୀ !

ଯେହେତୁ ତୁମେ ଜାଣିନ
ମୋ ସହିତ ରହିଛନ୍ତି ଅଗଣନ ବିଜୟୀ ମଣିଷ,
ଯେଉଁମାନଙ୍କ ମୁଖକୁ ତୁମେ ଦେଖି ପାରନି,
ମୋ ସହିତ ଆଗେଇ ଚାଲିଛି ଅଗଣନ ପାଦ ଆଉ ହୃଦୟ,
ତେଣୁ ମୁଁ ଏକେଲା ନୁହେଁ,
ଗୋଟିଏ ହିସାବରେ ମୋ ନିଜର କିଛି ଅସ୍ତିତ୍ୱ ନାହିଁ,
ଯେଉଁମାନେ ମୋ ସହିତ ଚାଲିଛନ୍ତି
ମୁଁ କେବଳ ରହିଛି ସେମାନଙ୍କ ପୁରୋଭାଗରେ,
ମୁଁ ହେଉଛି ଶକ୍ତିଶାଳୀ
କାହିଁକି ନା ମୁଁ କେବଳ ମୋର ଛୋଟ ଜୀବନକୁ
ବହନ କରି ନେଇ ଚାଲିନି
ଚାଲିଛି ସବୁ ମଣିଷମାନଙ୍କର ଜୀବନକୁ ବହନ କରି,
ଏବଂ ଆଗେଇ ଚାଲିଛି ଦୃଢ଼ ପଦକ୍ଷେପରେ
କାରଣ ମୋ ପାଖରେ ରହିଛି ହଜାରେ ଆଖି,
ନିମେଷରେ ମୁଁ ଚୂର୍ଣ୍ଣ କରିଦିଏ ସବୁ ପଥର
କାରଣ ମୋ ପାଖରେ ରହିଛି ହଜାରେ ହାତ
ଏବଂ ମୋ କଣ୍ଠସ୍ୱର
ଶୁଣାଯାଏ ପ୍ରତିଟି ଦେଶର ସମୁଦ୍ରକୂଳରେ
ଯେହେତୁ ଏହା ହେଉଛି ସମସ୍ତଙ୍କର ମିଶ୍ରିତ କଣ୍ଠସ୍ୱର
ଯେଉଁମାନେ କେବେ କିଛି କଥା କହି ନାହାନ୍ତି,
ଯେଉଁମାନେ କେବେ କିଛି ଗୀତ ଗାଇ ନାହାନ୍ତି

ଏବଂ ଆଜି ଯେଉଁମାନେ ଗୀତ ଗାଉଛନ୍ତି
ଏହି ମୁଖ ମାଧ୍ୟମରେ
ଯାହା ତୁମକୁ ଚୁମ୍ବନ ପ୍ରଦାନ କରୁଛି ।

ପତାକା

ମୋ ସାଙ୍ଗରେ ଉଠି ଠିଆ ହୁଅ।

ମୋଠାରୁ ବେଶି କେହି ଚାହେଁନି
ତକିଆରେ ମୁହଁ ଗୁଞ୍ଜି ପଡ଼ି ରହିବାକୁ
ଯେଉଁଠି ତୁମର ଦୁର୍ଲଭ ଆଖିପତା
ମୋର ଜଗତଟାକୁ ସମ୍ପୂର୍ଣ୍ଣ ରୂପେ ରୁଦ୍ଧ କରି ଦେବାକୁ ଚାହେଁ।
ମୁଁ ବି ଚାହେଁ ତୁମର ସ୍ନିଗ୍ଧ ମଧୁର ଶ୍ୟାମଳିମାରେ
ନିଜର ଉଷ୍ଣ ରକ୍ତକୁ ଶୋଇ ଯିବା ପାଇଁ।

କିନ୍ତୁ ଉଠି ଠିଆ ହୁଅ
ତୁମେ, ଉଠି ଠିଆ ହୁଅ
କିନ୍ତୁ ଉଠି ଠିଆ ହୁଅ ମୋ ସାଙ୍ଗରେ
ଏବଂ ଚାଲ ଆମେ ଦୁହେଁ ଏକାଠି ହୋଇଯିବା
ମୁହାଁମୁହିଁ ଯୁଦ୍ଧ କରିବା
ଶୈତାନମାନଙ୍କର ଚକ୍ରାନ୍ତର ବିରୁଦ୍ଧରେ,
ସୁସଂଗଠିତ ଦାରିଦ୍ର୍ୟର ବିରୁଦ୍ଧରେ
ଯାହା ବିତରଣ କରେ କ୍ଷୁଧା।

ଚାଲ ଆମେ ଯିବା,
ଏବଂ ତୁମେ, ମୋର ନକ୍ଷତ୍ର, ଠିକ୍ ମୋ କଡ଼ରେ ଥିବ,
ଯିଏ ନୂତନ ଜନ୍ମ ନେଇଥିବ ମୋର ମୃତ୍ତିକାରୁ,
ତୁମେ ଖୋଜି କରି ପାଇବ ଲୁଚି ରହିଥିବା ବସନ୍ତକୁ
ଏବଂ ଅଗ୍ନିର ମଝିରେ ତୁମେ ରହିଥିବ
ଠିକ୍ ମୋ କଡ଼ରେ,
ତୁମର ଦୀର୍ଘାୟିତ ଚକ୍ଷୁରେ,
ଉଠାଇବ ମୋର ପତାକାକୁ।

ସୈନିକର ପ୍ରେମ

ଯୁଦ୍ଧ ଚାଲିଥିବା ଦିନଗୁଡ଼ିକ ମଧ୍ୟରେ ଜୀବନ ତୁମକୁ ବାଧ୍ୟ କରିଛି
ସୈନିକର ପ୍ରେମିକା ହେବା ପାଇଁ।

ତୁମର ଜୀର୍ଣ୍ଣ ରେଶମୀ ପୋଷାକରେ,
ନକଲି ମୁକ୍ତା ମାଳାରେ,
ତୁମେ ବାଧ୍ୟ ହୋଇଛ ଚାଲିବାକୁ ନିଆଁ ଭିତର ଦେଇ।

ଏଠାକୁ ଆସ, ଯାଯାବର,
ଏବଂ ପାନକର ମୋ ଛାତି ଉପରେ ଥିବା
ଲାଲ ଶିଶିର।

ତମେ ଜାଣିବାକୁ ଚାହିଁନଥିଲ କୁଆଡ଼େ ଯାଉଛ,
ତୁମେ ଥିଲ କେବଳ ନୃତ୍ୟର ସଙ୍ଗୀ,
ତୁମର ନ ଥିଲା କୌଣସି ସଂଜ୍ଞା, ନ ଥିଲା କୌଣସି ଦେଶ।

ଆଉ ଏବେ ମୋ ପାଖାପାଖି ଚାଲୁ ଚାଲୁ
ତୁମେ ଦେଖିଲ ମୋ ସହିତ ଚାଲେ ଜୀବନ
ଏବଂ ଆମ ପଛରେ ରହିଛି ମୃତ୍ୟୁ।

ତୁମର ଏହି ଜୀର୍ଣ୍ଣ ରେଶମୀ ପୋଷାକରେ
ଏବେ ତୁମେ ଆଉ ନାଚଘରେ ନାଚି ପାରିବନି।

ତୁମ ପାଦର ଜୋତା ଥାଉ ବା ନ ଥାଉ
ତୁମକୁ ଏବେ ଆଗେଇ ଯିବାକୁ ହେବ।

ଏବେ ତୁମକୁ ଚାଲିବାକୁ ପଡ଼ିବ କଣ୍ଟା ଉପର ଦେଇ
କେବଳ ପଛରେ ପଡ଼ିରହିବ ରକ୍ତର ଛିଟା ।

ପୁଣି ଥରେ ମୋତେ ଚୁମା ଦିଅ, ପ୍ରିୟତମା !

କମ୍ରେଡ଼୍‌, ବନ୍ଧୁକଗୁଡ଼ିକୁ ପରିଷ୍କାର କର ।

କେବଳ ଅଗ୍ନି ନୁହେଁ

ହଁ, ମୋର ସ୍ପଷ୍ଟ ମନେ ପଡ଼େ
ଗାଢ଼ ଆଲୁଅ-ଛାଇରେ ଭରି ଉଠେ ତୁମର ବନ୍ଦ ଆଖିପତା,
ତୁମର ସମଗ୍ର ଶରୀର ଯେମିତି ଗୋଟିଏ ନଗ୍ନ ବାହୁ,
ଯେମିତି ଭରି ହୋଇ ରହିଛି ଜ୍ୟୋସ୍ନାର ନିପୁଣ କାରୁକାର୍ଯ୍ୟ,
ଆଉ ବିପୁଳ ଉଲ୍ଲାସରେ ଆମେ ଭରି ଉଠୁ
ଯେତେବେଳେ ବିଦ୍ୟୁତର ଗୋଟିଏ ଝଲକ ଆମକୁ ମାରିଦିଏ,
ଯେତେବେଳେ ଛୁରୀର ତୀକ୍ଷ୍ଣଧାର ଆମକୁ ମୂଳରୁ ଅଲଗା କରିଦିଏ,
ଆଉ ଆଲୋକର କୋମଳ ରେଖାଗୁଡ଼ିକ ଆସି ପଡ଼େ ଆମ କେଶ ଉପରେ,
ତାପରେ ଗୋଟିଏ ଗୋଟିଏ କରି ଆମେ ପୁଣି ଥରେ
ଜୀବନକୁ ଫେରି ଆସୁ,
ଯେମିତି ଜାହାଜ ବୁଡ଼ିଯିବା ପରେ ରୁକ୍ଷ ପଥର ଓ ବୃକ୍ଷ ମଧ୍ୟଦେଇ
ଆମେ ଧୀରେ ଧୀରେ ସମୁଦ୍ର ଭିତରୁ ଉଠି ଆସୁ।

ଅଥଚ
କେବଳ ଫୁଲ ନୁହେଁ,
ବାଟ ଚାଲୁ ଚାଲୁ ଅନ୍ୟ ସ୍ମିତଗୁଡ଼ିକ ବି
ଚକିତ ହୋଇ ଅଗ୍ନି ସ୍ଫୁଲିଙ୍ଗ ପରି ହଠାତ୍ ଭାସି ଉଠେ
ଯେତେବେଳେ ମୁଁ ଯାଉଥାଏ ରେଳଗାଡ଼ିରେ
କିମ୍ବା ରାସ୍ତା ଉପରେ।

ମୁଁ ଦେଖେ
ତୁମେ ମୋ ରୁମାଲକୁ ଧୋଇ କରି ସଫା କରୁଛ,
ମୋ ଛିଣ୍ଡା ମୋଜାକୁ ଝରକା ଉପରେ ଶୁଖାଉଛ,
ଆଉ ସବୁକିଛି ତୁମ ହାତର ସ୍ପର୍ଶରେ ଯେମିତି ଚମକି ଉଠୁଛି।
ପ୍ରାତ୍ୟହିକ ଜୀବନର
ଛୋଟ ପ୍ରିୟତମା ମୋର

ଭଲ ପାଇବାର ଭସ୍ମରେ ଗଳିଯାଏ ଗୋଲାପ
ତୁମେ ତାର କୋମଳ ପାଖୁଡ଼ା ନୁହଁ,
ତୁମେ ଯେମିତି
ଏହି ଜୀବନର ସବୁକିଛି-
ସାବୁନ, ସୋଡ଼ା ଓ ଛୁଞ୍ଚିକୁ ନେଇ କରି ଯେ ଜୀବନ,
ରୋଷେଇ ଘରର ଯେଉଁ ଗନ୍ଧକୁ ମୁଁ ଭଲ ପାଏ
ଯାହା ହୁଏତ ଆଉ କେଉଁଦିନ ଆମେ ଫେରି ପାରିବୁନି,
ତେବେ ତା ଭିତରେ ତୁମ ହାତର ସ୍ପର୍ଶ,
ଯେତେଦିନ ନା ଝଲସୁଥିବା ଗ୍ରୀଷ୍ମ ଆସେ
ଶୀତଦିନେ ତୁମେ ଗାଉଥିବା ଗୀତ
ଏହି ପୃଥିବୀରେ ତାହା ଯେମିତି ମୋର ଚିର ବସନ୍ତ।

ଆଃ, ଜୀବନ
ଅଗ୍ନି କେବଳ ଆମ ଦୁହିଁଙ୍କୁ
ଜାଳିପୋଡ଼ି ଶେଷ କରି ଦିଏନି,
ଶେଷ କରିଦିଏ ଜୀବନର ସବୁକିଛି
ସାଧାରଣ ଯେତେ କାହାଣୀ,
ଆଉ ସାଧାରଣ ପ୍ରେମ
ଜଣେ ନାରୀ ଓ ଜଣେ ପୁରୁଷର
ପ୍ରତ୍ୟେକଙ୍କ ପରି।

ମୃତା ନାରୀ

ଯଦି ହଠାତ୍ କରି ନ ଥାଏ ତୁମର ଉପସ୍ଥିତି,
ଯଦି ହଠାତ୍ କରି ତୁମେ ବଞ୍ଚି ରହନି,
ମୁଁ ବଞ୍ଚି ରହିଥିବି।

ମୁଁ ସାହସ କରେନି,
ମୁଁ ଏହା ଲେଖିବାକୁ ସାହସ କରେନି,
ଯଦି ତୁମେ ମରିଯାଅ।

ମୁଁ ବଞ୍ଚି ରହିଥିବି।
କାହିଁକି ନା ଯେଉଁଠି ଜଣେ ମଣିଷର କହିବା ଶକ୍ତି ନାହିଁ,
ସେଠି ଅଛି, ମୋର କଣ୍ଠସ୍ୱର।

ଯେଉଁଠି କଳା ଲୋକମାନଙ୍କୁ ମାଡ଼ ମରାଯାଏ
ମୁଁ ମରି ପାରିବିନି।
ଯେତେବେଳେ ମୋ ଭାଇମାନେ କାରାଗାରକୁ ଯାଆନ୍ତି
ମୁଁ ସେମାନଙ୍କ ସାଙ୍ଗରେ ଯିବି।

ଯେତେବେଳେ ବିଜୟ,
ମୋର ବିଜୟ ନୁହେଁ
କିନ୍ତୁ ବିପୁଳ ବିଜୟ
ପହଞ୍ଚି ଯାଏ
ଯଦିଓ ମୁଁ ମୂକ ତଥାପି ମୋତେ ମୁହଁ ଖୋଲି କରି କହିବା ଉଚିତ:
ଯଦିଓ ମୁଁ ଅନ୍ଧ ତଥାପି ତାର ଆଗମନକୁ ମୁଁ ଦେଖିବି।

ନା, ମୋତେ କ୍ଷମା କର।
ଯଦି ତୁମେ ବଞ୍ଚି ରହନି,

ଯଦି ତୁମେ ସମସ୍ତଙ୍କ ଦ୍ୱାରା ଆଦୃତା ହୁଅ, ପ୍ରିୟତମା,
ଯଦି ତୁମେ
ମରି ଯାଇଛ ।

ମୋ ଛାତି ଉପରେ ପତ୍ରସବୁ ବିଞ୍ଚାଡ଼ି ହୋଇ ପଡ଼ିବ,
ଏହା ମୋ ଆତ୍ମା ଉପରେ ବର୍ଷିବ ଦିବସ-ଶର୍ବରୀ,
ମୋ ହୃଦୟକୁ ତୁଷାର ଦହନ କରିବ,
ମୁଁ ଚାଲିବି ଶୀତଳତା ଓ ଅଗ୍ନି,
ଏବଂ ମୃତ୍ୟୁ ଓ ତୁଷାର ସହିତ,
ତୁମେ ଯେଉଁଠି ଶୋଇ ରହିଛ ସେହି ସ୍ଥାନ ଆଡ଼େ ଅଗ୍ରସର ହେବାକୁ
ମୋ ପାଦ ଇଚ୍ଛା କରିବ ।

କିନ୍ତୁ
ମୁଁ ବଞ୍ଚି ରହିଥିବି,
କାହିଁକି ନା ତୁମେ ଚାହିଁଥିଲ ମୋତେ ବଞ୍ଚି ରହିବା ପାଇଁ,
ଶହେ କଥାରେ ଗୋଟିଏ କଥା, ଅଦମ୍ୟ ଭାବରେ
ଏବଂ ପ୍ରିୟତମା, ଯେହେତୁ ତୁମେ ଏହା ଜାଣିଛ ଯେ
ମୁଁ କେବଳ ଜଣେ ଲୋକ ନୁହେଁ,
ଲୋକମାନଙ୍କର ପଟୁଆର ।

ଛୋଟ ଆମେରିକା

ଯେତେବେଳେ ମୁଁ ଅନାଏ ଆମେରିକାର ଆକୃତି ଆଡ଼େ
ମାନଚିତ୍ରରେ,
ପ୍ରିୟତମା, ମୁଁ ତୁମକୁ ହିଁ ଦେଖେ:
ଦେଖେ ତମ୍ବାର ପାହାଡ଼କୁ ତୁମ ମୁଣ୍ଡ ଉପରେ,
ତୁମ କୁଚ ଯୁଗଳ, ଗହମ ଓ ତୁଷାର,
ତୁମର କ୍ଷୀଣ କଟି,
ନାଚି ନାଚି ଯାଉଥିବା ଖରସ୍ରୋତା ତଟିନୀ,
ପାହାଡ଼ ଏବଂ ଶ୍ୟାମଳ ପ୍ରାନ୍ତର
ଆଉ ଦକ୍ଷିଣର ହେମାଳ ତୁଷାର ଯେଉଁଠି ପହଞ୍ଚିଛି ତୁମର ପାଦ
ନକଲି ସୁନା ପାଲଟିଛି ସମଗ୍ର ଅଞ୍ଚଳ।

ପ୍ରିୟତମା, ଯେବେ ମୁଁ ତୁମକୁ ସ୍ପର୍ଶ କରେ
ତୁମର ଉଚ୍ଛ୍ୱାସକୁ ଆବିଷ୍କାର କରେନି କେବଳ ମୋ ହାତ,
ଅଧିକନ୍ତୁ ଶାଖା ଓ ଭୂମି ଫଳ ଓ ପାଣି,
ବସନ୍ତ ସମୟ ଯାହାକୁ ମୁଁ ଭଲ ପାଏ,
ନିଃସଙ୍ଗ ଜହ୍ନ, ବନ୍ୟ କପୋତର ସ୍ତନଭାର,
ସମୁଦ୍ରର କିମ୍ବା ନଦୀର ପାଣିରେ କ୍ଷୟହୋଇ ମସୃଣ ହୋଇଥିବା ପଥର
ଏବଂ ବୁଦାର ଗାଢ଼ ଲାଲିମା ଯେଉଁଠି ତୃଷା ଓ କ୍ଷୁଧା
ଶୋଇଥାଏ ଅପେକ୍ଷା କରି।
ଆଉ ଏମିତି ଭାବରେ ମୋତେ ସ୍ୱାଗତ ଜଣାଏ ମୋର ବିଶାଳ ଦେଶ,
ଛୋଟ ଆମେରିକା, ତୁମ ଶରୀରରେ।

ତୁମେ ଯେତେବେଳେ ଶୋଇ କରି ରହିଥାଅ
ମୁଁ ଦେଖେ ଯଅର ରଂଗ ପରି ତୁମର ଚର୍ମ,
ସ୍ନେହର ଜାତୀୟତା।
କାହିଁକି ନା ତୁମ କାନ୍ଧ ଉପରୁ ଜ୍ୱଳନ୍ତ କ୍ୟୁବାର

ଆଖୁକଟାଳୀମାନେ ମୋ ଆଡ଼େ ଦେଖନ୍ତି,
କୃଷ୍ଣ ରଂଗର ଘର୍ମରେ ଢାଙ୍କି ହୋଇ,
ଆଉ ଦେଖେ ତୁମ ଗ୍ରୀବାର ଚାରିପଟେ ଘେରି ହୋଇଥିବା କେଉଟମାନଙ୍କୁ
ଯେଉଁମାନେ ତାଙ୍କର ସମୁଦ୍ର କିମ୍ବା ନଦୀକୂଳରେ ଥିବା
ସନ୍ତସନ୍ତିଆ କୁଡ଼ିଆ ଘରେ
ମୋ ପାଖରେ ତାଙ୍କ ଗୋପନ କଥା ବଖାଣନ୍ତି।

ତେଣୁ କରି ତୁମ ଦେହ-ରେଖା ସହିତ,
ଛୋଟ ଆରାଧ୍ୟ ଆମେରିକା,
ଦେଶ ଓ ଦେଶବାସୀମାନେ
ବାଧା ଦିଅନ୍ତି ମୋ ଚୁମ୍ବନକୁ
ଏବଂ ତୁମର ସୁନ୍ଦରତା ତାପରେ
ଅଗ୍ନି ସଂଯୋଗ କରେନି
ଯାହା ଆମ ଭିତରେ ଅନିର୍ବାପିତ ହୋଇ ରହେ
କିନ୍ତୁ ତୁମର ଭଲ ପାଇବା ସଙ୍ଗେ ମୋର ଭଲ ପାଇବା
ଆଉ ତୁମ ଜୀବନ ସହିତ ମୋର ଜୀବନ
ମିଶି କରି ଏକାକାର ହୋଇଯାଏ
ଯେଉଁଥିରୁ ମୁଁ ବଞ୍ଚିତ ହୋଇ ରହିଥାଏ
ଏବଂ ତୁମର ଭଲ ପାଇବାର ସ୍ୱାଦ ପ୍ରଦାନ କରେ ମାଟିକୁ,
ପୃଥିବୀର ଚୁମ୍ବନ ମୋ ପାଇଁ ଅପେକ୍ଷା କରି ରହେ।

ସ୍ତୋତ୍ର ଓ କ୍ରମବର୍ଦ୍ଧମାନ

॥ ୧ ॥

ତୁମ ମୁହଁର ସ୍ୱାଦ ଆଉ ତୁମ
ତ୍ୱଚାର ରଂଗ,
ତ୍ୱଚା, ମୁହଁ, ଏହି ତୀବ୍ର ଦିବସର ଫଳ,
ମୋତେ କହ,
ସେମାନେ କଣ ବର୍ଷ ସାରା
ଆଉ ଯାତ୍ରାଗୁଡ଼କରେ
ଏବଂ ଚନ୍ଦ୍ରରେ ଓ ସୂର୍ଯ୍ୟରେ
ଆଉ ପୃଥିବୀରେ
ପୁଣି କାନ୍ଦୁଥିବା ବେଳେ
ଆଉ ବର୍ଷା ଓ ଖୁସୀର ମାଧ୍ୟମରେ
ସବୁବେଳେ ତୁମ ସହିତ ଥଲେ
ଅଥବା ସେମାନେ ଏବେ ଅଛନ୍ତି
ଯେଉଁମାନେ ଆସିଛନ୍ତି
ତୁମ ମୂଳରୁ,
ଖାଲି ଶୁଖିଲା ଧରଣୀ ପାଇଁ ଯେଉଁ ପରି
କ୍ରମବର୍ଦ୍ଧମାନର ବ୍ୟବସ୍ଥା ପାଣି ଥାଏ କରି
ଯାହା ସିଏ ଜାଣି ନ ଥିଲା,
କିମ୍ବା ଭୁଲି ଯାଇଥିବା ଘଟର ଓଠ ଉପରେ
ଧରଣୀର ସ୍ୱାଦ ପାଣିରେ
ଉଚ୍ଛୁଳି ଉଠେ ?

ମୁଁ ଜାଣିନି, ତୁମେ କହନି,
ତୁମେ ଜାଣିନ ବୋଲି,
କେହିହେଲେ ସେକଥା ଜାଣନ୍ତିନି ।
କିନ୍ତୁ ମୋର ସବୁ ଇନ୍ଦ୍ରିୟଗୁଡ଼ିକୁ ତୁମ ତ୍ୱଚାର
ପ୍ରକାଶର ନିକଟକୁ ଆଣି କରି,

ତୁମେ ତରଳି ଯାଉଛ
ଗୋଟିଏ ଫଳର ଅମ୍ଳୀୟ ସୁଗନ୍ଧ
ଏବଂ ସଡ଼କର ତାପ ପରି।
ଆଉ ମକାର ଗନ୍ଧକୁ ଛଡ଼େଇ ନିଆ ଯାଉଛି,
ମଧୁଚକ୍ଷୁଥିବା ଶୁଦ୍ଧ ଦ୍ୱିପ୍ରହର,
ନାଆଁ ଧୂଳି ଭରା ଧରଣୀର,
ଆମ ଦେଶର ଅନନ୍ତ ସୁଗନ୍ଧ:

ମ୍ୟାଗନୋଲିଆ ଆଉ
ରକ୍ତ ଏବଂ ଅଟା,
ଘୋଡ଼ାଙ୍କ ଦୌଡ଼,
ଗାଆଁର ଧୂଳି ଭରା ଜହ୍ନ,
ନୂଆ ଜନ୍ମ ନେଇଥିବା ରୁଟି:
ଆହା, ତୁମ ତ୍ୱଚାରୁ ସବୁକିଛି
ମୋ ମୋହଁକୁ ଫେରୁଛି,
ମୋ ହୃଦୟକୁ ଫେରୁଛି,
ମୋ ଶରୀରକୁ ଫେରୁଛି,
ଆଉ ତୁମ ସହିତ ମୁଁ ପୁଣି ଥରେ
ପୃଥିବୀ ହୋଇ ଯାଉଛି
ଯାହା ତୁମେ ଅଟ:
ତୁମେ ମୋ ଭିତରେ ଗହନ ବସନ୍ତ:
ମୁଁ ଜାଣେ ତୁମ ଭିତରେ
କେମିତି ମୁଁ ପୁଣି ଜନ୍ମ ହେଲି।

॥ ୨ ॥
ତୁମର ସେହି ବର୍ଷଗୁଡ଼ିକ
ଯାହାକୁ ମୁଁ ନିଜ ନିକଟରେ ଗୁଛାପରି
ବଢୁଥିବା ଅନୁଭବ କରିବା ଉଚିତ ଥିଲା,
ଯେତେବେଳ ଯାଏଁ ତୁମେ ଦେଖିନଥିଲ ଯେ

କେମିତି ସୂର୍ଯ୍ୟ ଓ ପୃଥିବୀ
ତୁମକୁ ମୋ ପଥର ହାତ ପାଇଁ
ପ୍ରସ୍ତୁତ କଲେ,
ଯେତେବେଳ ଯାଏଁ ଅଙ୍ଗୁର ଦ୍ୱାରା ଅଙ୍ଗୁରକୁ
ତୁମେ ମୋ ଶିରା ପ୍ରଶିରାରେ
ମଦକୁ ଗୀତ ଗାଇବା ପାଇଁ
ପ୍ରସ୍ତୁତ ନ କରିଛ ।
ପବନ ଅଥବା ଘୂରିବୁଲୁଥିବା ଘୋଡ଼ାମାନେ
ମୋତେ ତୁମ ଶୈଶବ ଭିତର ଦେଇ
ଚାଲିଯିବା ପାଇଁ ସଶକ୍ତ କରିବାରେ
ସକ୍ଷମ ଥିଲେ,
ତୁମେ ପ୍ରତିଦିନ ସେହି ଗୋଟିଏ ଆକାଶକୁ
ଦେଖୁଥିଲ,
ସେହି ଗହରିଆ ଶୀତର କାଦୁଅ,
ବରକୋଳି ଗଛର ଅନ୍ତହୀନ ଶାଖାଗୁଡ଼ିକୁ
ଏବଂ ତାଙ୍କର ଗାଢ଼-ବାଇଗେଣୀ ରଂଗର ମଧୁରତାକୁ ।

କେବଳ କିଛି ମାଇଲ୍ ଯାଏଁ ରାତି,
ଗାଆଁର ଭୋରରର ଭିଜା ଦୂରତା,
ଗୋଟେ ମୁଠା ଧରିତ୍ରୀ ଆମକୁ ଅଲଗା କରି ଦେଲା,
ପାରଦର୍ଶୀ କାନ୍ଥଗୁଡ଼ିକ ଯାହାକୁ ଆମେ
ପାରି ହେଲେନି,
ଯାହା ଫଳରେ ଜୀବନ, ତାପରେ
ସବୁ ସମୁଦ୍ର ଓ ପୃଥିବୀକୁ ଆମ ମଝିକୁ ଆଣି
ରଖି ପାରିଲାନି,
ଏବଂ ଆମେ ଏକାଠି ହୋଇ ପାରିଲେ ନି
ସ୍ଥାନ ରହିଥିଲେ ବି,
ପାହୁଣ୍ଡ ପରେ ପାହୁଣ୍ଡ ପକାଇ
ଖୋଜୁଥିଲେ ପରସ୍ପରକୁ,

ଗୋଟିଏ ମହାସାଗରରୁ ଅନ୍ୟ
ମହାସାଗର ଯାଏଁ
ମୁଁ ଦେଖିଲିନି ଯେ ଆକାଶ
ପ୍ରଜ୍ୱଳିତ ଥିଲା
ଏବଂ ତୁମର କେଶଦାମ ଉଡୁଥିଲା
ଆଲୋକରେ
ଆଉ ତୁମେ ଗୋଟିଏ ଅନିୟନ୍ତ୍ରିତ
ଉଲ୍କାର ନିଆଁ ସହିତ
ମୋ ଚୁମ୍ବନରେ ଆସିଥିଲ
ଏବଂ ତୁମେ ଯେତେବେଳେ
ମୋ ରକ୍ତ ଭିତରେ ତରଳି ଗଲ,
ଆମ ପିଲାଦିନର
ଜଙ୍ଗଲୀ ବର କୋଳିର ମଧୁରତା
ମୋ ମୁହଁକୁ ଆସିଗଲା,
ଆଉ ମୋ ଛାତିରେ
ମୁଁ ତୁମକୁ ଭିଡ଼ି ଧରିଲି
ସତେ ଯେମିତି
ପୃଥିବୀ ଓ ଜୀବନକୁ
ମୁଁ ପୁନର୍ବାର ପ୍ରାପ୍ତ କରୁଛି ।

॥ ୩ ॥

ମୋ ଜଙ୍ଗଲୀ ବାଳିକା
ଆମକୁ ସମୟ ପୁନରୁଦ୍ଧାର କରିବାକୁ ଥିଲା
ଏବଂ ପଛଆଡ଼କୁ ଫେରିବାକୁ ଥିଲା,
ଆମ ଜୀବନର ଦୂରତା ଭିତରେ,
ଚୁମ୍ବନ ପରେ ଚୁମ୍ବନ,
ଗୋଟିଏ ଜାଗାରୁ ଯାହା ଆସି
ଆମ ପାଖରେ ଖୁସୀ ବିନା
ଜମା ହେଉଥିଲା,

ଅନ୍ୟ ଏକ ଗୁପ୍ତ ସଡ଼କର ସନ୍ଧାନ କରିବା
ଯାହା ଧୀରେ ଧୀରେ
ତୁମ ପାଦକୁ ମୋ ପାଦ ଆଡ଼େ
ନେଇ ଆସିଲା,
ଏବଂ ସେଥିପାଇଁ ମୋ ମୁହଁ ତଳେ
ତୁମେ ନିଜ ଜୀବନର
ଅପୂର୍ଣ୍ଣ ଥିବା ଗଛକୁ
ପୁଣି ଥରେ ମୋ ହୃଦୟ ଆଡ଼େ ଆଣି
ନିଜର ମୂଳକୁ ଜମାଇ କରି
ତୁମକୁ ଅପେକ୍ଷା କରି ରହିଥିଲା।
ଆଉ ଗୋଟିଏ ପରେ ଗୋଟିଏ କରି ରାତି
ଅଲଗା ହୋଇଥିବା ଆମ ସହରଗୁଡ଼ିକ ଭିତରେ
ଯୋଡ଼ି ହୋଇଥିଲା ସେହି ରାତିର ସହିତ
ଯାହା ଆମକୁ କରେ ଏକତ୍ରିତ।
ପ୍ରତ୍ୟେକ ଦିନର ଆଲୋକ,
ତାର ଶିଖା କିମ୍ବା ତାର ବିଶ୍ରାମ,
ସେଗୁଡ଼ିକ ସମୟରୁ ନେଇ କରି
ଆମ ପାଖରେ ପହଞ୍ଚାଇ ଦିଅନ୍ତି
ଏବଂ ଆମର ଖଜଣା
ଛାୟା ଅଥବା ପ୍ରକାଶରେ
ବିଚ୍ଛେଦିତ ହୋଇଥାଏ,
ଆଉ ସେଥିପାଇଁ ଆମର ଚୁମ୍ବନ
ଜୀବନକୁ ଚୁମୁଛି:

ସାରା ପ୍ରେମ ଆମ ପ୍ରେମ ଭିତରେ
ସମାହିତ ହୋଇଛି:
ସାରା ତୃଷ୍ଣା ଶେଷ ହୁଏ
ଆମ ଆଲିଙ୍ଗନରେ।
ଆମେ ଏଠି ମୁହାଁମୁହିଁ ହୋଇ ରହିଛେ

ପରିଶେଷରେ,
ଆମେ ପରସ୍ପରକୁ ଭେଟିଛେ,
ଆମେ କିଛି ହେଲେ ହଜେଇ ଦେଇନେ।
ଆମେ ଜଣେ ଜଣକର
ଓଠରୁ ଓଠଯାଏଁ ଅନୁଭବ କରିଛେ,
ଆମେ ମୃତ୍ୟୁ ଏବଂ ଜୀବନର ମଝିରେ
ହଜାରେ ଥର ପରିବର୍ତ୍ତନ କରିଛେ,
ଆମେ ଯାହା କିଛି ମୃତ ପଦକ ପରି ଆଣୁଛେ
ସେଗୁଡ଼ିକୁ ଆମେ
ସମୁଦ୍ରର ଅତଳରେ ଫିଙ୍ଗି ଦେଇଥିଲେ,
ଆମେ ଯାହା କିଛି ବି ଶିଖିଲେ,
ତାହା ନ ଥିଲା ଆମ କାମର:
ଆମେ ପୁଣି ଆରମ୍ଭ କରୁଛେ,
ଆମେ ପୁଣି ସମାପ୍ତ କରୁଛେ
ମୃତ୍ୟୁ ଓ ଜୀବନ।
ଆଉ ଏଠାରେ ଆମେ ଜୀବିତ ଅଛେ,
ଶୁଦ୍ଧ, ସେହି ପବିତ୍ରତାର ସହିତ
ଯାହାକୁ ଆମେ ସୃଷ୍ଟି କରିଥିଲେ,
ପୃଥିବୀଠାରୁ ଅଧିକ ବ୍ୟାପକ
ଯାହା ଆମକୁ ଅପଥରେ ନେବନି,
ନିଆଁ ପରି ଶାଶ୍ୱତ
ଯାହା ଜଳୁ ଥିବ
ଯେତେବେଳଯାଏଁ ଜୀବନ ରହିଥିବ।

॥ ୪ ॥
ମୁଁ ଯେତେବେଳେ ଏଠି ପହଞ୍ଚିଲି
ମୋ ହାତ ଅଟକି ଗଲା।
କେହି ଜଣେ ମୋତେ ପଚାରିଲା:
"ମୋତେ କହ,

କାହିଁକି,
ଗୋଟିଏ ତଟ ଉପରେ ଥିବା
ଲହଡ଼ି ପରି,
ତୁମର ଶବ୍ଦ
ଅନ୍ତହୀନ ରୂପରେ ଯା-ଆସ କରେ
ତୁମ ଶରୀରକୁ ?
ସିଏ କଣ ଗୋଟିଏ ରୂପ
ପ୍ରେମ କରୁଛ ତୁମେ ଯାହାକୁ ?"
ଏବଂ ମୁଁ ଉତ୍ତର ଦିଏ:
"ମୋ ହାତଗୁଡ଼ିକ କେବେହେଲେ
ତା ପାଇଁ ଥକି ଯାଏନି,
ମୋ ଚୁମ୍ବନଗୁଡ଼ିକ
କେବେହେଲେ ବିଶ୍ରାମ ନିଅନ୍ତିନି,
ମୁଁ ସେହି ଶବ୍ଦଗୁଡ଼ିକୁ କାହିଁକି
ଫେରେଇ ନେବି
ଯେଉଁଗୁଡ଼ିକ ଦୋହରାନ୍ତି
ତାର ସମ୍ପର୍କର ଚିହ୍ନକୁ,
ଏମିତି ଶବ୍ଦଗୁଡ଼ିକ ଯାହା ବନ୍ଦ କରି ଦିଅନ୍ତି,
ପାଣି ପରି ଜାଲରେ
ବେକାର ଭାବରେ
ପୃଷ୍ଠକୁ
ଏବଂ ଉତ୍ତାପକୁ
ଜୀବନର ଶୁଦ୍ଧ ଲହଡ଼ିର ?"
ଆଉ, ପ୍ରେୟସୀ,
ତୁମ ଶରୀର କେବଳ ଗୋଲାପ ନୁହେଁ
ଯାହା ଛାୟାରେ କିମ୍ବା ଚନ୍ଦ୍ରାଲୋକରେ
ଉପରକୁ ଉଠିଥାଏ,
ଏହା କେବଳ ଗତି ବା ଜ୍ୱଳନ ନୁହେଁ,
ରକ୍ତର କାର୍ଯ୍ୟ ଅଥବା

ନିଆଁରା ପାଖୁଡ଼ା,
କିନ୍ତୁ ତୁମେ ମୋ ପାଇଁ ଆଣିଛ
ମୋର କ୍ଷେତ୍ର,
ମୋ ଶୈଶବର ମୃତ୍ତିକା,
ଆଣିଛ ଓଟ୍‌ର ଲହରୀ ସମୂହ,
କଳା ଫଳର ଗୋଲାକାର ଗୁଚ୍ଛ
ଯାହା ମୁଁ ଫାଡ଼ି ଦେଇଥିଲି
ଜଙ୍ଗଲରେ,
କାଠର ଓ ସେଓର ସୁଗନ୍ଧ
ଲୁଚି ରହିଥିବା ପାଣିର ରଂଗ
ଯେଉଁଠି ଗୁପ୍ତଫଳ ଓ ଗାଢ଼ରଂଗର ପତ୍ରଗୁଡ଼ିକ
ଖସି ପଡ଼େ।
ଆଗୋ ପ୍ରେୟସୀ,
ତୁମ ଶରୀର ଧରିତ୍ରୀରୁ ପିଆଲାର
ଶୁଦ୍ଧ ରେଖାପରି ଉପରକୁ ଉଠୁଛି
ଯିଏ ମୋତେ ଚିହ୍ନିଛି
ଏବଂ ଯେତେବେଳେ ମୋର ଇନ୍ଦ୍ରିୟଗୁଡ଼ିକ
ତୁମକୁ ପାଇଲା
ସେତେବେଳେ ତୁମେ ଏମିତି
ସ୍ପନ୍ଦିତା ହେଉଥିଲ
ସତେ ଯେମିତି ତୁମ ଭିତରେ
ବର୍ଷା ହେଉଛି
ଏବଂ ବୀଜଗୁଡ଼ିକ ଖସି ପଡୁଛି।
ଆହ, ସେମାନେ ମୋତେ କହନ୍ତୁ ଯେ
ମୁଁ ତୁମକୁ କେମିତି ଶେଷ କରିପାରିବି
ଆଉ ତୁମ ରୂପ ବିନା ଶବ୍ଦ ଗୁଡ଼ିକରୁ
ନିଆଁକୁ କେମିତି ଫାଡ଼ି ଦେଇ ପାରିବି।
ଆଗୋ ମୋର ସୌମ୍ୟା,
ସେହି ଧାଡ଼ିଗୁଡ଼ିକରେ ନିଜର ଶରୀରକୁ

ବିଶ୍ରାମ ନେବାକୁ ଦିଅ
ତୁମର ସ୍ପର୍ଶରେ
ତାଠାରୁ ବି ଅଧିକ
ସେହି ଧାଡ଼ିଗୁଡ଼ିକର ପାଖରୁ
ତୁମର ପାଇବାର ବାକି ଅଛି,
ଏହି ଶବ୍ଦଗୁଡ଼ିକ ଭିତରେ ବଞ୍ଚି ରହ
ଏବଂ ସେଗୁଡ଼ିକ ଭିତରେ ଥିବା
ମଧୁରିମା ଓ ନିଆଁକୁ ଦୋହରାଅ,
ସେହି ଅକ୍ଷରଗୁଡ଼ିକ ଭିତରେ ରହି କରି
କଂପୁ ଥାଅ,
ତୁମେ ଶୋଇଯାଅ ମୋ ନାଆଁ ଭିତରେ
ଯେମିତି ତୁମେ ଶୋଇ ଯାଇଥିଲ
ମୋ ହୃଦୟରେ,
ଏବଂ ସେଥିପାଇଁ ଆସନ୍ତା କାଲି
ମୋ ଶବ୍ଦଗୁଡ଼ିକ
ତୁମ ରୂପର ଅନ୍ତଃଶୂନ୍ୟତାକୁ ରଖିବ
ଆଉ ସିଏ ଯିଏ ସେଗୁଡ଼ିକୁ ଶୁଣୁଛି
ଦିନେ ତାକୁ ମିଳିଯିବ
ଗହମ ଏବଂ ଅଫିମ ଫୁଲର ସ୍ୱାଦ;
ତଥାପି ପ୍ରେମର ଶରୀର
ଶ୍ୱାସ ନେଉଥିବ ଧରଣୀ ଉପରେ!

|| ୫ ||

ଗହମ ଓ ପାଣିର ସୂତା, ସ୍ଫଟିକର
କିମ୍ବା ନିଆଁର,
ଶବ୍ଦ ଓ ରାତି,
କାମ ଓ କ୍ରୋଧ,
ଛାୟା ଓ କୋମଳତା,
ଧୀରେ ଧୀରେ କରି ତୁମେ ଏଗୁଡ଼ିକୁ

ମୋର ସୂତାର ପକେଟରେ
ସିଲାଇ କରିଦେଲ
ଆଉ ନ କେବଳ ସେହି କଂପିତ ହେଉଥିବା
କ୍ଷେତ୍ରରେ
ଯେଉଁଥିରେ
ରହିଛି ପ୍ରେମ ଏବଂ ଶହୀଦତ୍ୱ
ଯାଆଁଳା ପରି
ଦୁଇଟି ନିଆଁର ଘଣ୍ଟି ଭାବରେ,
ତୁମେ କଣ ମୋ ପାଇଁ ଅପେକ୍ଷା କଲ,
ମୋର ପ୍ରେୟସୀ,
ସବୁଠୁ ଛୋଟ ମଧୁର କର୍ତ୍ତବ୍ୟଗୁଡ଼ିକ ଭିତରେ।
ଇଟାଲୀର ସୁନେଲି ତେଲ
ତୁମର ଜ୍ୟୋତିର୍ବଳୟକୁ,
ରୋଷେଇଘରର ସନ୍ଥଙ୍କୁ
ଆଉ ସିଲାଇକୁ
ତିଆରି କଲା,
ଏବଂ ତୁମର ଛୋଟ ବାନ୍ଧବୀମାନଙ୍କୁ,
ଯେଉଁମାନେ ଦର୍ପଣ ଆଗରେ
ଏତେବଳେଯାଏଁ ଠିକି ରହନ୍ତି,
ତୁରମ ହାତଗୁଡ଼ିକ ସହିତ
ଯେଉଁଥିରେ ରହିଥିବା ପାଖୁଡ଼ାଗୁଡ଼ିକୁ
ଚମେଲି ଈର୍ଷା କରିବ,
ଯିଏ ମୋର ବାସନ ଓ ପୋଷାକଗୁଡ଼ିକୁ
ଧୋଇଲା,
କ୍ଷତଗୁଡ଼ିକୁ କୀଟାଣୁ ରହିତ କଲା।
ମୋର ପ୍ରେୟସୀ,
ତୁମେ ମୋ ଜୀବନରେ ଆସିଲ
ପ୍ରସ୍ତୁତ ହୋଇ କରି
ଗୋଟିଏ ଅଫିମଫୁଲ ପରି

ଏବଂ ଜଣେ ଗରିଲା ସେନାନୀ ଭଳିଆ:
ରେଶମୀ ସେହି ବୈଭବ
ଯାହାକୁ ମୁଁ ଭୋକ ଓ ଶୋଷର ସହିତ
ଥାପୁଡ଼ଉଛି
ଯାହାକୁ ମୁଁ କେବଳ ତୁମ ପାଇଁ
ଦୁନିଆକୁ ଆଣିଛି,
ଆଉ ରେଶମର ପଛରେ ଅଛି
ଲୁହାର ଝିଅଟି
ଯିଏ ମୋ'ପକ୍ଷ ନେଇ ଲଢ଼େଇ କରିବ।
ପ୍ରେୟସୀ, ପ୍ରେୟସୀ,
ଆମେ ଏଇଠି ଅଛେ।
ରେଶମ ଓ ଧାତୁ,
ମୋ ମୁହଁ ପାଖକୁ ଆସି ଯାଅ।

॥ ୬ ॥
ଆଉ କାହିଁକି ନା ପ୍ରେମ
କେବଳ ଲଢୁଛି
ନିଜର ଜଳୁଥିବା ଚାଷଜମିରେ ନୁହେଁ
କିନ୍ତୁ ପୁରୁଷ ଓ ନାରୀଙ୍କ ମୁହଁରେ,
ମୁଁ ସେହି ଲୋକମାନଙ୍କ ଉପରେ
ଆକ୍ରମଣ କରି ଶେଷ ହୋଇଯିବି
ଯେଉଁମାନେ ମୋ ଛାତି
ଏବଂ ତୁମ ସୁଗନ୍ଧ ମଝିରେ
ନିଜର ଅନ୍ଧକାରମୟ ପାଦକୁ
ରୋକିବାକୁ
ଚେଷ୍ଟା କରୁଛନ୍ତି।
ସେମାନେ ତୁମକୁ କିଛି ଖରାପ କଥା
କହିବେନି
ମୋର, ତୁମର ବିଷୟରେ,

ମୋର ପ୍ରେୟସୀ
ଯାହା ମୁଁ ତୁମକୁ କହିଛି
ତା ଅପେକ୍ଷା।
ତୁମକୁ ଜାଣିବା ଆଗରୁ
ମୁଁ ଘାସ ପଡ଼ିଆରେ ରହୁଥିଲି
ଆଉ ଡେଇଁ ପଡ଼ିଲି ଗୋଲାପ ଉପରକୁ।
ସେମାନେ ଆଉ ଅଧିକ କଣ କହିପାରିବେ
ତୁମକୁ ?
ମୁଁ ଭଲ ନୁହେଁ କିମ୍ବା ମନ୍ଦ ନୁହେଁ
କେବଳ ଜଣେ ସାଧାରଣ
ମଣିଷ,
ଏବଂ ତଥାପି ସେମାନେ ମୋ ଜୀବନ ପ୍ରତି
ବିପଦ ବଢ଼ାଇ ଦେବେ,
ଯାହା ତୁମେ ଜାଣିଛ
ଆଉ ଯାହାକୁ ତୁମେ ନିଜର
ଆବେଗ ସହିତ ଭୋଗ କରିଛ।
ଅବଶ୍ୟ, ଏହି ବିପଦ ହେଉଛି
ପ୍ରେମର ବିପଦ,
ସାରା ଜୀବନ ପ୍ରତି ସଂପୂର୍ଣ୍ଣ ପ୍ରେମ,
ସାରା ଜୀବନ ପ୍ରତି,
ଏବଂ ଯଦି ଏହି ପ୍ରେମ
ଆମ ପାଇଁ ଆଣେ
ମୃତ୍ୟୁ କିମ୍ବା କାରାଗାର,
ମୁଁ ନିଶ୍ଚିତ ଯେ ତୁମର
ବଡ଼ ବଡ଼ ଆଖି ଗୁଡ଼ିକ,
ଯେବେ ମୁଁ ସେଗୁଡ଼ିକୁ ଚୁମାଦିଏ,
ଗର୍ବର ସହିତ ବୁଜି ହୋଇଯିବ,
ଦୁଇଗୁଣ ଗର୍ବର ସହିତ,
ପ୍ରେୟସୀ,

ତୁମର ଓ ମୋର ଗର୍ବର ସାଙ୍ଗରେ।
କିନ୍ତୁ ମୋର କାନ ଆଡ଼କୁ
ସେମାନେ ପ୍ରଥମେ ଆସିବେ
ଦୁର୍ବଳ କରିବା ପାଇଁ
ପ୍ରେମର ସେହି ମଧୁର ଓ କଠୋର
ମିନାରକୁ
ଯାହା ଯୋଡ଼ିଦିଏ ଆମକୁ,
ଏବଂ ସେମାନେ କହିବେ:
"ଯାହାକୁ ତୁମେ ପ୍ରେମ କରୁଛ
ସିଏ ତୁମ ପାଇଁ ଜଣେ ମହିଳା ନୁହେଁ,
କାହିଁକି ତୁମେ ତାକୁ ଭଲ ପାଉଛ ?
ମୁଁ ଭାବୁଛି
ତୁମେ ପାଇ ପାରିବ ଅଧିକ ସୁନ୍ଦରୀ,
ଅଧିକ ଗମ୍ଭୀର ନାରୀ,
ଅଧିକ ପ୍ରଗାଢ଼, ଅଧିକ ଭିନ୍ନ,
ତୁମେ ବୁଝିପାରୁଛ,
ଦେଖ ସିଏ କେତେ ପତଳୀ,
ଦେଖ ତା ମୁଣ୍ଡଟି କେଉଁ ଭଳି,
ଏବଂ ତା ଆଡ଼େ ଦେଖ
ସିଏ କେମିତି ପୋଷାକ ପିନ୍ଧିଛି
ଇତ୍ୟାଦି ଇତ୍ୟାଦି।"
ଆଉ ଏହି ପଂକ୍ତି ଗୁଡ଼ିକରେ ମୁଁ କହେ:
ଏମିତି ମୁଁ ତୁମକୁ ପ୍ରେମ କରେ, ପ୍ରେୟସୀ,
ପ୍ରେୟସୀ,
ଏମିତି ମୁଁ ତୁମକୁ ପ୍ରେମ କରେ,
ଯେମିତି ପୋଷାକ ତୁମେ ପିନ୍ଧ
ଆଉ ତୁମ ମୁଣ୍ଡର ବାଳ
ଯେମିତି ଉପରକୁ ଉଠିକରି ରହିଥାଏ
ଏବଂ ମୁହଁରେ ହସ ଫୁଟୁଥାଏ,

ଶୁଦ୍ଧ ପଥର ଉପରେ
ଝରଣାର ପାଣି ପରି ହାଲ୍କା,
ସେମିତି ମୁଁ ତୁମକୁ ପ୍ରେମ କରେ,
ପ୍ରେୟସୀ।

ମୋତେ ଶିଖାଇବା ପାଇଁ
ମୁଁ ରୁଟି ମାଗୁନି
କିନ୍ତୁ ଏହା ଚାହୁଁଛି ଯେ
ମୋର ଦୈନନ୍ଦିନ ଜୀବନରେ,
ସିଏ ମୋତେ ଉଣା ନ କରୁ
ମୁଁ ଆଲୁଅ ବିଷୟରେ କିଛି ଜାଣିନି,
କେଉଁଠୁ ଏହା ଆସଛି
ଅଥବା କେଉଁ ଆଡ଼େ ଏହା ଯାଉଛି,
ମୁଁ ଖାଲି ଚାହେଁ ଆଲୁଅ ଚମକୁ ଥାଉ,
ମୁଁ ରାତି ପାଖରୁ
କୌଣସି ସ୍ପଷ୍ଟିକରଣ ଚାହୁଁନି,
ମୁଁ ତା ପାଇଁ ଅପେକ୍ଷା କରେ,
ଆଉ ସିଏ ମୋତେ ଘେରିଯାଏ
ଏବଂ ଏହିପରି ଭାବରେ
ତୁମେ ହେଉଛ
ରୁଟି, ଆଲୋକ ଏବଂ ଛାୟା।
ତୁମେ ମୋ ଜୀବନରେ
ଆସି ଥାଅ ଯାହାସବୁ ନେଇ କରି,
ମୁଁ ତୁମ ପାଇଁ ଅପେକ୍ଷା କରିଥିଲି,
ଯିଏ ଗଢ଼ାଯାଇଛ
ଆଲୋକ ରୁଟି ଏବଂ ଛାୟାରେ,
ଏମିତି ମୁଁ ତୁମକୁ ପ୍ରେମ କରୁଛି,
ଏବଂ ଯେଉଁମାନେ ସବୁ ଚାହୁଁଛନ୍ତି
ଆସନ୍ତା କାଲିକୁ ଶୁଣିବା ପାଇଁ

ଯାହା ମୁଁ ସେମାନଙ୍କୁ କହିବିନି,
ସେମାନେ ତାହା ଏଠି ପଢ଼ନ୍ତୁ
ଆଉ ସେମାନେ ଆଜି ଫେରିଯାନ୍ତୁ
କାହିଁକିନା ଏହିସବୁ ତର୍କପାଇଁ
ଏହା ଜଲ୍ଦି ହୋଇଯିବ।
ଆସନ୍ତା କାଲି ଆମେ ସେମାନଙ୍କୁ
ପ୍ରେମର ବୃକ୍ଷଟିରୁ
କେବଳ ଗୋଟିଏ ପତ୍ର ଦେବା,
ଗୋଟିଏ ପତ୍ର ଖସି ପଡ଼ିବ
ଧରଣୀ ଉପରେ
ଯେମିତି ଆମ ଓଠଗୁଡ଼ିକ ଦ୍ୱାରା
ତିଆରି କରାଯାଇଛି
ଗୋଟିଏ ଚୁମ୍ବନ ପରି
ଯାହା ଖସି ପଡ଼େ
ଆମର ଅଜେୟ ଉଚ୍ଚତାରୁ
ପ୍ରକୃତ ପ୍ରେମର
ନିଆଁ ଏବଂ କୋମଳତାକୁ
ଦେଖାଇବା ପାଇଁ।

ବିବାହ ଉତ୍ସବର ଗୀତ

ତୁମର କଣ ମନେ ଅଛି
ଯେବେ
ଶରତ ଋତୁରେ
ଆମେ ପହଞ୍ଚିଥିଲେ ଦ୍ୱୀପ ଉପରେ ?
ସମୁଦ୍ର
ଆମ ଆଡ଼କୁ
ଥଣ୍ଡାର ଗୋଟିଏ ମୁକୁଟ ଉଠାଇଲା ।
ଆମେ ଚାଲି ଯାଉଥିବା ବେଳେ
କାନ୍ଥ ଉପରେ ଚଢୁଥିବା ଲତା ଗୁଡ଼ିକ
ଗାଢ଼ ରଂଗର ପତ୍ରଗୁଡ଼ିକ
ପକାଇ ଦେଇ
ଫୁସ୍‌ଫୁସ୍ କରି କହୁଥିଲା ।
ତୁମେ ବି ଥିଲ ଗୋଟିଏ ଛୋଟ ପତ୍ର
ଯାହା ମୋ ଛାତି ଉପରେ ରହି
କଂପୁଥିଲା ।
ଜୀବନର ପବନ ତୁମକୁ ସେଠି ରଖିଦେଇଥିଲା ।
ସବୁଠୁ ଆଗ ମୁଁ ତୁମକୁ ଦେଖିନଥିଲି:
ମୁଁ ଜାଣି ନଥିଲି ଯେ
ତୁମେ ମୋ ସାଙ୍ଗରେ ଚାଲିଛ,
ଯେତେବେଳଯାଏଁ ତୁମର ମୂଳ
ମୋ ଛାତିକୁ ବିଦ୍ଧ କରି ନ ଥିଲା,
ମୋ ରକ୍ତର ସୂତାଗୁଡ଼ିକ ସହିତ
ଯୋଡ଼ି ହୋଇ ଯାଇ ନ ଥିଲା,
ମୋ ମୁହଁରୁ କହିଲା,
ମୋ ସହିତ ବିକଶିତ ହେଲା ।
ଏମିତି ଥିଲା ତୁମର ଅଜଣା ଉପସ୍ଥିତି,

ଅଦୃଶ୍ୟ ପତ୍ର କିମ୍ବା ଶାଖା ଥିଲା
ଏବଂ ଅଚାନକ ମୋ ହୃଦୟ
ଫଳଗୁଡ଼ିକ ଆଉ ଧ୍ୱନି ସମୂହରେ ଭରି ଗଲା ।
ତୁମେ ସେହି ଘରଟି ଉପରେ ନିଜର
ଆଧିପତ୍ୟ ଜମାଇ ଦେଲ
ଯେଉଁଠି ଅନ୍ଧକାର ତୁମ ଅପେକ୍ଷାରେ ଥିଲା
ଆଉ ତୁମେ ଦୀପ ଜଳାଇଲ ।
ତୁମର କଣ ମନେ ଅଛି,
ମୋ ପ୍ରିୟେ,
ଦ୍ୱୀପ ଉପରେ ପଡ଼ିଥିବା ଆମର
ପ୍ରଥମ ପାହୁଣ୍ଡ ?

ପାଉଁଶିଆ ରଂଗର ପଥରଗୁଡ଼ିକ
ଆମକୁ ଜାଣିଥିଲା
ବର୍ଷାର ଶବ୍ଦ,
ଛାୟା ଭିତରେ ପବନର ଚିତ୍କାର ।
କିନ୍ତୁ ନିଆଁ ଥିଲା ଆମର
ଏକମାତ୍ର ବନ୍ଧୁ,
ତା କଡ଼ରେ ଆମେ ଚାରିଭୁଜାଧାରିଣୀ
ମଧୁର ଶୈତ୍ୟର ପ୍ରେମକୁ
ଭିଡ଼ି ଧରିଲୁ ଆମ ବାହୁ ବନ୍ଧନରେ ।
ନିଆଁ ଦେଖିଲା ଆମର
ନଗ୍ନ ଚୁମ୍ବନକୁ
ସେତେବେଳଯାଏଁ ବଢୁଥିବାର
ଯେତେବେଳ ଯାଏଁ ସିଏ ଛୁଇଁନି
ଲୁଚି ରହିଥିବା ତାରକାମାନଙ୍କୁ,
ଏବଂ ସିଏ ଦୁଃଖକୁ ଦେଖିଲା
ଜନ୍ମ ନେବାର ଓ ମରବାର
ଗୋଟିଏ ଭଙ୍ଗାଖଣ୍ଡା ପରି

ଅଦୃଶ୍ୟ ପ୍ରେମର ବିରୁଦ୍ଧରେ ।
ତୁମର କଣ ମନେ ଅଛି
ଆଗୋ ମୋ ଛାୟାର ଶୟନକାରିଣୀ,
ତୁମକୁ କେମିତି ଗାଢ଼ ନିଦ ହେଉଥିବ,
ତୁମର ନଗ୍ନ ଛାତିରୁ ନେଇ କରି
ତାର ଦୁଇଟି ଗମ୍ବୁଜର ସହିତ
ଖୋଲା ସମୁଦ୍ର ଆଡ଼େ,
ଦ୍ୱୀପର ପବନ ଆଡ଼େ,
ଆଉ କେମିତି ମୁଁ ପହଁରୁଥିଲି
ତୁମ ସ୍ୱପ୍ନର ସମୁଦ୍ରରେ
ସ୍ୱତନ୍ତ୍ର ଭାବରେ
ଆଉ ପବନରେ
ଏବେ ବି ବନ୍ଧା ହୋଇ ରହିଛି
ଏବଂ ତୁମ ମଧୁରିମାର ନୀଳ ମାତ୍ରାରେ
ବୁଡ଼ି ହୋଇ ରହିଛି ?
ଆଗୋ ମାଧୁରୀ, ମୋ ମାଧୁରୀ,
ବସନ୍ତ ପରିବର୍ତ୍ତିତ କରିଦେଲା
ଦ୍ୱୀପର କାନ୍ଥଗୁଡ଼ିକୁ ।

ଗୋଟିଏ ଫୁଲ କମଳା ରଂଗର ରକ୍ତର
ବୁନ୍ଦାଟିଏ ପରି
ଦେଖାଗଲା,
ଆଉ ତାପରେ ରଂଗଗୁଡ଼ିକ
ନିଜର ସାରା ଶୁଦ୍ଧ ଓଜନକୁ
ତ୍ୟାଗ କଲା ।
ସମୁଦ୍ର ନିଜର ପାରଦର୍ଶିତାକୁ
ପୁଣି ଥରେ ପ୍ରାପ୍ତ କଲା,
ଆକାଶରେ ରାତି ନିଜ ସମୂହକୁ
ରେଖାଙ୍କିତ କଲା ।

ଏବଂ ଏବେ ସବୁ ବସ୍ତୁଗୁଡ଼ିକ
ଆମ ପ୍ରେମର ନାଆଁକୁ
ଫୁସ୍ ଫୁସ୍ କରି କହୁଥିଲା,
ପଥର ପରେ ପଥର
ସିଏ ଆମ ନାଆଁ
ଆଉ କହିଲା ଆମର ଚୁମ୍ବନ ବିଷୟରେ।
ପଥର ଓ ଶିଉଳିର ଦ୍ୱୀପ
ନିଜ ଗୁମ୍ଫଗୁଡ଼ିକର ରହସ୍ୟରେ
ତୁମ ମୁହଁରେ
ଗୀତ ପରି ଗୁଂଜିତ ହେଉଛି,
ଏବଂ ସେହି ଫୁଲଟି ଯାହା
ପଥର କାନ୍ଥର ମଝିରେ
ଜନ୍ମ ନେଇଛି
ନିଜର ଗୁପ୍ତ ଶବ୍ଦାଂଶର ସହିତ,
ଯେମିତି ଯେମିତି ସିଏ ଚାଲିଗଲା,
ତୁମ ନାଆଁ
ଜ୍ୱଳନ୍ତ ବୃକ୍ଷର
ଆଉ ଖଡ଼ି ପଥରର ଚଟ୍ଟାଣ,
ଉଠିଲା ଦୁନିଆର କାନ୍ଥ ପରି,
ଜାଣିଥିଲା ମୋ ଗୀତକୁ,
ଭଲ ଭାବରେ ପ୍ରେୟସୀ,
ଏବଂ ସବୁ ଜିନିଷଗୁଡ଼ିକ ତୁମର
ପ୍ରେମ ବିଷୟରେ କହୁଥିଲେ, ମୋ ପ୍ରେୟସୀ,
ମୋ ପ୍ରେମିକା,
କାରଣ ପୃଥିବୀ, ସମୟ,
ସମୁଦ୍ର, ଦ୍ୱୀପ,
ଜୀବନ, ଜୁଆର,

ସେହି ଅଧାଖୋଲା ବୀଜ
ଧରଣୀରେ ନିଜ ଓଠ ଖୋଲୁଛି
ଭକ୍ଷଣ କରୁଥିବା ଫୁଲ,
ବସନ୍ତର ହଲଚଲ,
ପ୍ରତ୍ୟେକଟି ଜିନିଷ ଆମକୁ ଚିହ୍ନିଛି ।
ଆମ ପ୍ରେମ
କାନ୍ଥର ବାହାରେ
ପବନରେ,
ରାତିରେ,
ଧରଣୀରେ ଜନ୍ମ ନେଇଥିଲା,
ଏବଂ ସେଥିପାଇଁ
ମାଟି ଓ ଫୁଲ,
କାଦୁଅ ଏବଂ ମୂଳ
ତୁମ ନାଆଁ ଜାଣିଛନ୍ତି,
ଆଉ ଜାଣିଛନ୍ତି ଯେ ମୋ ମୁହଁ
ତୁମ ମୁହଁ ସହିତ
ଯୋଡ଼ି ହୋଇ ଯାଇଛି
କାହିଁକି ନା ଏକାସାଙ୍ଗରେ ଆମେ
ବୁଣା ଯାଇଥିଲେ ଧରଣୀ ଉପରେ
ଆଉ ଏକଥା ଆମେ କେବଳ
ଜାଣି ନଥିଲେ
ଏବଂ ଏକାସାଙ୍ଗରେ ଆମେ ବଢୁଛେ
ଆଉ ସେଥିପାଇଁ
ଆମେ ଚାଲି ଯାଉଛେ,
ତୁମ ନାଆଁ ରହିଛି ଗୋଲାପ ଫୁଲର ପାଖୁଡ଼ାରେ
ଯାହା ଫୁଟିଥାଏ ପଥରରେ,
ମୋ ନାଆଁ ରହିଛି
ଗୁହାଗୁଡ଼ିକରେ ।
ସେମାନେ ଏହାସବୁ ଜାଣିଛନ୍ତି,

ଆମ ପାଖରେ କିଛି ଗୁପ୍ତକଥା ନାହିଁ,
ଆମେ ଏକାସାଙ୍ଗରେ ବଢ଼ିଛେ
ହେଲେ ଏକଥା ଆମକୁ ଜଣା ନଥିଲା।
ସମୁଦ୍ର ଆମ ପ୍ରେମ ବିଷୟରେ ଜାଣିଛି,
ଚଟ୍ଟାଣର ଉଚ୍ଚ ସ୍ଥାନରେ ଥିବା ପଥର
ଜାଣିଛି ଯେ
ଆମ ଚୁମ୍ବନ ଅନନ୍ତ ପବିତ୍ରତାର ସହିତ
ଖେଳି ଉଠିଥିଲା,

ଯେମିତି କି ତାହାର ଫାଟରେ
ଗୋଟିଏ ଲାଲରଂଗର
ମୁହଁର
ଉନ୍ମେଷ ହେଲା:
ଠିକ୍ ଆମର ପ୍ରେମ ଏବଂ ସେହି
ଚୁମ୍ବନ ପରି ତ
ଯାହା ଯୋଗ ଦେଉଛି ତୁମର ଓ ମୋର
ମୁହଁର ସହିତ
ଗୋଟିଏ ଶାଶ୍ୱତ ପୁଷ୍ପ ଭିତରେ।

ମୋ ପ୍ରେୟସୀ,
ସୁମଧୁରା ବାସନ୍ତୀ,
ଫୁଲ ଓ ସମୁଦ୍ର,
ଆମକୁ ଘେରି ରହିଛି।
ଆମେ ଏହାକୁ ନିଜର ଶୀତଦିନ ପାଇଁ
ବଦଳାଇଲେନି,
ଯେତେବେଳେ ପବନ ତୁମ ନାଆଁକୁ
ବୁଝିବାକୁ
ଆରମ୍ଭ କରି ଦେଇଥିଲା ଯେ ଆଜି
ପ୍ରତି ଘଣ୍ଟା

ସିଏ ତାହା ଦୋହରାଉଛି,
ଯେତେବେଳେ
ପତ୍ରଗୁଡ଼ିକୁ ଜଣା ନଥିଲା ଯେ
ତୁମେ ମୋତେ ଚାହୁଁଛ,
ଯେତେବେଳେ
ପତ୍ରଗୁଡ଼ିକୁ ଜଣା ନଥିଲା ଯେ
ତୁମେ ଥିଲ ପତ୍ରଟିଏ,
ଯେତେବେଳେ
ମୂଳକୁ ଜଣା ନ ଥିଲା ଯେ
ତୁମେ ମୋତେ ଖୋଜୁଥିଲ
ମୋ ଛାତି ଭିତରେ।

ପ୍ରେୟସୀ, ପ୍ରେୟସୀ,
ବସନ୍ତ
ଆମକୁ ପ୍ରଦାନ କରୁଛି ଆକାଶଟିକୁ,
କିନ୍ତୁ ଅନ୍ଧକାରମୟ ଧରଣୀ
ଆମର ନାଆଁ,
ଆମ ପ୍ରେମ ହେଉଛି
ସବୁ ସମୟର
ଏବଂ ଧରଣୀର।

ପରସ୍ପରକୁ ପ୍ରେମ କରିଥିବା ବେଳେ,
ତୁମର ବାଲୁକା ବେକର ତଳେ
ରହିଛି ମୋ ହାତ,
ଆମେ ଅପେକ୍ଷା କରିବା
ଯେବେ ପୃଥିବୀ ଓ ସମୟ
ବଦଳିବ
ଦ୍ୱୀପ ଉପରେ,
ଯେମିତି ପତ୍ରଗୁଡ଼ିକ ଖସି ପଡ଼େ

ଚୁପ୍‌ଚାପ୍ ଚଢୁଥିବା ଲତାଗୁଡ଼ିକରୁ,
ଯେମିତି ଶରତ ଋତୁ
ଭଙ୍ଗା ଝରକା ବାଟ ଦେଇ ବିଦାୟ ନେଇ ଯାଏ।
କିନ୍ତୁ ଆମେ
ଅପେକ୍ଷା କରିବା ଆମ
ସାଙ୍ଗ ପାଇଁ
ଆମର ଲାଲ୍-ଚକ୍ଷୁ ଥିବା ସାଙ୍ଗ,
ନିଆଁ,
ଯେତେବେଳେ ପବନ ପୁଣି ଥରେ
ସେହି ଦ୍ୱୀପର ସୀମାନ୍ତକୁ
ଦୋହଲାଇ ଦେବ,
ଏବଂ ପ୍ରତ୍ୟେକଙ୍କ ନାଆଁ
ଜାଣି ନ ଥିବ,
ଶୀତ ଋତୁ
ଆମକୁ ଖୋଜିବ, ମୋର ପ୍ରେୟସୀ,
ସବୁବେଳେ
ଏହା ଆମକୁ ଖୋଜିବ, କାରଣ
ଆମେ ଏହା ଜାଣିଛେ,
କାରଣ ଆମେ ଏହାକୁ ଡରୁନେ,
କାରଣ ଆମ ସହିତ
ସବୁବେଳ ପାଇଁ
ରହିଛି ନିଆଁ,
ଆମ ପାଖରେ ରହିଛି ପୃଥିବୀ
ସବୁବେଳ ପାଇଁ,
ଆମ ପାଖରେ ରହିଛି ବସନ୍ତ
ସବୁବେଳ ପାଇଁ
ଏବଂ ଯେତେବେଳେ ପତ୍ରଟିଏ
ଝଡ଼ି ପଡ଼େ
ଉପରକୁ ଚଢୁଥିବା ଲତାଗୁଡ଼ିକର ଦେହରୁ,

ତୁମେ ଜାଣିଛ, ମୋ ପ୍ରେୟସୀ,
ସେହି ପତ୍ର ଉପରେ କେଉଁ ନାଆଁ
ଲେଖା ଯାଇଛି,
ଗୋଟିଏ ନାଆଁ ଯାହା ତୁମର
ଏବଂ ମୋର,
ଆମ ପ୍ରେମର ନିଆଁ, ଗୋଟିଏ
ଏକେଲା ଅସ୍ତିତ୍ୱ,
ଗୋଟିଏ ତୀର ଯାହା ଶୀତକୁ
ବିଦ୍ଧ କଲା,
ଅଜେୟ ପ୍ରେମ,
ଦିବସର ନାଆଁ,
ଗୋଟିଏ ପତ୍ର
ଯାହା ମୋ ଛାତି ଉପରେ ଖସି ପଡ଼ିଲା,
ଜୀବନ ବୃକ୍ଷରୁ ଗୋଟିଏ ପତ୍ର
ଯାହା ତିଆରି କଲା
ଗୋଟିଏ ନୀଡ଼
ଏବଂ ଗୀତ ଗାଇଥିଲା,
ଯାହା ମୂଳକୁ କାଢ଼ିଲା,
ଯେଉଁ ମୂଳ ଦେଲା ଫୁଲ ଓ ଫଳ।
ଆଉ ତୁମେ ଦେଖୁଛ, ମୋ ପ୍ରେୟସୀ,
କେମିତି ମୁଁ ଦ୍ୱୀପର ଓ ପୃଥିବୀର
ଚାରିଆଡ଼େ ବୁଲୁଛି
ବସନ୍ତ ଭିତରେ ସୁରକ୍ଷିତ ରହି,
ପାଗଳ ହୋଇ
ଆଲୋକରେ
ଥଣ୍ଡାରେ,
ଚାଲିଛି ନିଆଁ ଭିତରେ
ଶାନ୍ତ ଭାବରେ,
ତୁମ ପାଖୁଡ଼ାର ଓଜନକୁ ଉଠାଉଛି

ନିଜ ହାତରେ
ସତେ ଯେମିତି ମୁଁ କେବେହେଲେ
ଚାଲିନି ତୁମ ବିନା,
ମୋ ହୃଦୟର ରାଣୀ,
ସତେ ଯେମିତି ମୁଁ ଚାଲିପାରି ନଥିଲି
ତୁମ ବିନା,
ସତେ ଯେମିତି ମୁଁ ଗାଇ ପାରେନି
ତୁମେ ଗାଇବା ବିନା।

ସଡ଼କ ଉପରେ ଚିଠି

ବିଦାୟ, କିନ୍ତୁ ତୁମେ ରହିବ
ମୋ ସାଙ୍ଗରେ, ତୁମେ
ମୋ ଶିରାରେ ପ୍ରବାହିତ ହେଉଥିବା
ରକ୍ତର ଗୋଟିଏ ବିନ୍ଦୁ ଭିତରକୁ ଯିବ
କିମ୍ବା ବାହାରକୁ ଆସିବ,
ଗୋଟିଏ ଚୁମ୍ବନ ଯାହା ମୋ ମୁହଁକୁ
ପୋଡ଼ିଦିଏ
କିନ୍ତୁ ମୋର କଟିପ୍ରଦେଶରେ
ନିଆଁର ଗୋଟିଏ କଟିବନ୍ଧ।
ମୋ ମଧୁରିମା,
ସେହି ମହାନ ପ୍ରେମକୁ ତୁମେ ସ୍ୱୀକାର କର
ଯାହା ବାହାରୁଛି ମୋ ଜୀବନରୁ
ଏବଂ ତୁମେ ରୁଟି ଓ ମହୁର ଦ୍ୱୀପରେ
ହଜିଯାଇଥିବା ଖୋଜକର୍ତ୍ତା ପରି
ଯାହାକୁ କୌଣସି କ୍ଷେତ୍ର, ମିଳିନି।
ତୋଫାନ ପରେ ମୁଁ ପାଇଲି ତୁମକୁ,
ବର୍ଷା ଧୋଇ ଦେଇ ଥିଲା ପବନକୁ
ଏବଂ ପାଣି ଭିତରେ ତୁମର ମଧୁର ପଦଯୁଗଳ
ଚମକୁଥିଲା ମାଛମାନଙ୍କ ପରି।

ଆଦରଣୀୟା, ମୁଁ ନିଜର ଲଢ଼େଇ ପାଇଁ
ରହିଛି ପ୍ରସ୍ତୁତ ହୋଇ

ମୁଁ ଧରଣୀର ବଦନକୁ ଆଞ୍ଜୁଡ଼ିବି
ତୁମକୁ ଗୋଟିଏ ଗୁମ୍ଫାରେ ପରିଣତ କରିବି
ଏବଂ ସେଠାରେ ତୁମର ଅଧିନାୟକ

ତୁମ ପାଇଁ ଥିବେ ଅପେକ୍ଷାରତ
ଶଯ୍ୟା ଉପରେ ପୁଷ୍ପର ସହିତ ।

ପ୍ରିୟତମା,
ସେହି ପୀଡ଼ା ବିଷୟରେ ମୋଟେ ଭାବନି
ଯାହା ଆମ ଭିତର ଦେଇ ଚାଲିଗଲା
ଫସ୍‌ଫରସ୍‌ର ଗୋଟିଏ ବୋଲ୍ଟ ପରି
ହୁଏତ ଆମକୁ ଛାଡ଼ିଗଲା
ଜଳିବା ପାଇଁ ।

ଶାନ୍ତି ବି ପହଞ୍ଚିଗଲା ଆସି
କାରଣ ମୁଁ ନିଜ ଭୂମିକୁ ଫେରି ଆସିଲି
ଲଢ଼ିବା ପାଇଁ
ଏବଂ ଯେମିତି କି ତୁମେ ସବୁବେଳେ
ମୋତେ ରକ୍ତର ଭାଗ ଦେଲ
ସେଥିରେ ମୋର ସମଗ୍ର ହୃଦୟ ଜଡ଼ିତ,
ଆଉ ଯେମିତି କି ମୋ ହାତ
ତୁମର ନଗ୍ନ ଅସ୍ତିତ୍ୱରେ ଭରି ହୋଇ ରହିଛି,
ମୋତେ ଦେଖ,
ମୋତେ ଦେଖ, ସମୁଦ୍ରର ସେପାରିରେ,
ମୋତେ ଦେଖ,
କାରଣ ମୁଁ ଦୀପ୍ତିମାନ ହୋଇ ଉଠୁଛି,
ସେହି ରାତିର ଆର ପାରିରେ ମୋତେ ଦେଖ
ଯାହା ମାଧ୍ୟମରେ ମୁଁ କରୁଛି
ଜଳଯାତ୍ରା,
ଏବଂ ସମୁଦ୍ର ଓ ରାତ୍ରି ହେଉଛି
ତୁମର ଦୁଇଟି ଆଖି ।
ମୁଁ ଯେତେବେଳେ ଚାଲି ଯାଏ
ତୁମକୁ ଛାଡ଼ କରି ଯାଏନି ।

ବର୍ତ୍ତମାନ ମୁଁ ତୁମକୁ କହିବାକୁ ଯାଉଛି:
ମୋ ଭୂମି ହେବ ତୁମର,
ମୁଁ ଏହାକୁ ଜିତିବାକୁ ଯାଉଛି,
ଏହା କେବଳ ତୁମକୁ ଦେବା ପାଇଁ ନୁହେଁ,
କିନ୍ତୁ ପ୍ରତ୍ୟେକଙ୍କୁ ଦେବା ପାଇଁ।
ଚୋର ଦିନେ ନା ଦିନେ
ତା ମିନାର ଭିତରୁ ବାହାରି ଆସିବ,
ଏବଂ ଆକ୍ରମଣକାରୀ ବିତାଡ଼ିତ ହେବ।

ଜୀବନର ଫଳଗୁଡ଼ିକ ଥରେ ଚୂର୍ଣ୍ଣ କରିବାରେ
ଅଭ୍ୟସ୍ତ ହୋଇଗଲେ
ମୋ ହାତରେ ଉପୁଜିବେ।
ଆଉ ମୋତେ ଜଣଶ ପଡ଼ିବ ଯେ
ନୂଆ ଫୁଲଗୁଡ଼ିକୁ ଧୀରେ କରି
କେମିତି ସ୍ପର୍ଶ କରିବାକୁ ହେବ
କାରଣ ତୁମେ ମୋତେ ଶିଖାଇଛ
କୋମଳତା।

ମୋର ମଧୁରିମା, ଆଦରଣୀୟା,
ତୁମେ ମୁହାଁ ମୁହିଁ ହୋଇ
ଲଢ଼ିବା ପାଇଁ
ମୋ ସହିତ ଆସିବ
କାହିଁକି ନା ତୁମର ଚୁମ୍ବନ
ମୋ ହୃଦୟରେ ରହିଛି
ଲାଲ ରଂଗର ପତାକା ପରି,
ଏବଂ ମୁଁ ଯଦି ପଡ଼ି ଯାଏ,
ତାହେଲେ କେବଳ ପୃଥିବୀ ମୋତେ
ଢାଙ୍କି ଦେବନି,
କିନ୍ତୁ ଏହି ମହାନ ପ୍ରେମ ବି

ଯାହା ତୁମେ ମୋତେ ନେଇ କରି ଆସିବା ପାଇଁ
ଦେଇଛ
ଏବଂ ଯାହା ଜୀବିତ ହୋଇ ରହିଛି
ମୋ ରକ୍ତ ପ୍ରବାହରେ।
ତୁମେ ମୋ ସହିତ ଆସିବ
ସେହି କ୍ଷଣଯାଏଁ ମୁଁ ଅପେକ୍ଷା କରି ରହିବି
ତୁମ ପାଇଁ।

ଆଉ ଯେବେ ସେହି ଉଦାସୀନତା ପ୍ରତି
ମୋର ଘୃଣା ଥାଏ
ସିଏ ତୁମ ଦୁଆରକୁ ବାଡ଼ଉ,
ତାହେଲେ ତାକୁ କହି ଦିଅ ଯେ ମୁଁ
ତୁମ ପାଇଁ ଅପେକ୍ଷା କରି ରହିଛି
ଆଉ ଯେତେବେଳେ ଏକେଲାପଣ ଚାହିଁବ ଯେ
ତୁମେ ସେହି ମୁଦିକୁ ବଦଳାଇ ଦିଅ
ଯେଉଁଥିରେ ମୋ ନାଆଁ ଲେଖାଅଛି,
ତାହେଲେ ତାକୁ କହ ଯେ
ଏକେଲାପଣ ମୋ ସହିତ କଥାବାର୍ତ୍ତା କରୁ,
ଯାହା ମୋତେ କରିବାକୁ ଥିଲା
ଚାଲିଯାଅ କାହିଁକି ନା ମୁଁ ଜଣେ ସୈନିକ,

ଆଉ ଯେଉଁଠି ମୁଁ ରହିଛି,
ବର୍ଷାରେ ଅଥବା ନିଆଁରେ
ମୋର ପ୍ରେୟସୀ,
ମୁଁ ତୁମର ଅପେକ୍ଷା କରି ରହିଛି।
ମୁଁ ସବୁଠୁ କଠୋର ମରୁଭୂମିରେ
ଆଉ ଫୁଲ ଫୁଟିଥିବା
ଲେମ୍ବୁଗଛ କଡ଼ରେ
ସବୁଠି ଯେଉଁଠି ଜୀବନ ରହିଛି,

ଯେଉଁଠି ବସନ୍ତ ଜନ୍ମ ନେଉଛି,
ତୁମର ଅପେକ୍ଷା କରୁଛି,
ମୋ ପ୍ରିୟେ,
ମୁଁ ତୁମର ଅପେକ୍ଷା କରୁଛି ।
"ସେହି ଲୋକଟି ତୁମକୁ
ପ୍ରେମ କରୁନି,"
ମନେ ରଖ ସେହି ରାତିରେ ମୋ ପାଦ
ଏକେଲା ରହିଛି
ଆଉ ସେମାନେ ସେହି ମଧୁର ଓ ଛୋଟ
ପାଦଗୁଡ଼ିକୁ ଖୋଜୁଛନ୍ତି
ଯାହାକୁ ମୁଁ ପସନ୍ଦ କରୁଛି ।
ପ୍ରେୟସୀ,
ଯେବେ ସେମାନେ ତୁମକୁ କହୁଛନ୍ତି ଯେ
ମୁଁ ତୁମକୁ ଭୁଲି ଯାଇଛି,
ଆଉ ସେତେବେଳେ ବି ଯେବେ
ସିଏ ମୁଁ ଯିଏ କହୁଛି,
ଯେବେ ମୁଁ ତୁମକୁ କହୁଛି, ତାହେଲେ
ମୋ ଉପରେ ବିଶ୍ୱାସ କରନି
କିଏସେ ଆଉ କେମିତି କିଏ ତମର
ହୃଦୟକୁ କାଟି ପାରିବ
ଆଉ ମୁଁ ଯେତେବେଳେ ତୁମ ପାଖରେ
ରକ୍ତ ବୁହାଇବି
ତେବେ ମୋ ରକ୍ତ କିଏ ନେବ ?

ତଥାପି ମୁଁ ନିଜର ଲୋକମାନଙ୍କୁ
ଭୁଲି ଯାଇ ପାରେ ।
ମୁଁ ପ୍ରତ୍ୟେକ ଗଳିରେ, ପ୍ରତିଟି ପଥର ପଛରେ
ଲଢ଼ିବାକୁ ଯାଉଛି ।

ତୁମର ପ୍ରେମ ବି ମୋତେ ସାହାଯ୍ୟ କରୁଛି:
ଏହା ଗୋଟିଏ ବୁଜି ହୋଇ ରହିଥିବା ଫୁଲ
ଯାହା ଅନବରତ ମୋତେ ତା ସୁଗନ୍ଧରେ
ଭରି ଦେଉଛି
ଆଉ ଯିଏ ଗୋଟିଏ ମହାନ ତାରକା ପରି
ମୋ ଭିତରେ ଅଚାନକ
ଖୋଲି ଯାଉଛି।

ମୋ ଜୀବନ, ରାତି ହେଲାଣି।

କଳା ପାଣି
ଶୋଇ ରହିଥିବା ସଂସାର
ମୋତେ ଘେରି ହୋଇ ରହିଛି।
ଶୀଘ୍ର ଦିନ ହେବ,
ଆଉ ଏହା ଭିତରେ ମୁଁ ତୁମକୁ
ଏହା ବତାଇବା ପାଇଁ ଲେଖୁଛି:
"ମୁଁ ତୁମକୁ ପ୍ରେମ କରୁଛି।"
ତୁମକୁ ଏହି କଥା ବତାଇବା ପାଇଁ ଯେ
"ମୁଁ ତୁମକୁ ପ୍ରେମ କରୁଛି,"
ଦେଖାଶୁଣା କର,
ଉପରକୁ ଉଠାଅ,
ଆମ ପ୍ରେମର ରକ୍ଷା କର,
ମୋ ପ୍ରେୟସୀ।
ମୁଁ ଏହାକୁ ତୁମ ପାଖରେ ଏମିତି ଛାଡୁଛି
ଯେମିତି ମୁଁ ବୀଜ ସହିତ
ଗୋଟେ ମୁଠା ଧରିତ୍ରୀକୁ ଛାଡ଼ି ଦେଇଛି।
ଆମ ପ୍ରେମରେ ଜୀବନର ଜନ୍ମ ହେବ।
ଆମ ଭଲ ପାଇବାରେ ସେମାନେ
ପାଣି ପିଇବେ।

ହୁଏତ ଏମିତି ଗୋଟେ ଦିନ ଆସିବ
ଯେତେବେଳେ ଆମ ପରି
ଜଣେ ପୁରୁଷ ଓ ଜଣେ ମହିଳା
ଏହି ପ୍ରେମକୁ ଛୁଇଁବେ
ଆଉ ଏଥିରେ ବି ଛୁଉଁଥିବା ହାତକୁ
ଜାଳି ଦେବାର ଶକ୍ତି ଥିବ।

କଣ ଫରକ ପଡୁଛି ?
ସେମାନେ ଏହି ନିଆଁକୁ ଛୁଇଁବେ,
ମୋ ପ୍ରେୟସୀ,
ସେମାନେ ତୁମର ନାଆଁ ଏବଂ ମୋର
କହିବେ,
ସେହି ନାଆଁ ଯାହା କେବଳ ତୁମେ
ଜାଣିଥିଲ,
କାହିଁକି ନା ପୃଥିବୀ ଉପରେ
କେବଳ ତୁମେ ହିଁ ଜାଣିଥିଲ ଯେ
ମୁଁ କିଏ,
ଆଉ କାହିଁକି ନା କେହି ହେଲେ ମୋତେ
ଗୋଟିଏ ହାତ ପରି,
ଗୋଟିଏ ହାତ ପରି ତୁମକୁ ଜାଣି ନ ଥିଲା,
କାହିଁକି ନା କେହି ଜାଣି ନ ଥିଲା ଯେ
ମୋ ହୃଦୟ କେମିତି ଓ କେବେ
ଜଳୁଥିଲା:
କେବଳ ତୁମର ବଡ଼ କଜଳକଳା ଆଖିଗୁଡ଼ିକ ହିଁ
ଜାଣିଥିଲା,
ତୁମର ଚଉଡ଼ା ମୁହଁ,
ତୁମର ତ୍ୱଚା,
ତୁମର ସ୍ତନ,
ତୁମର ପେଟ,

ତୁମର ଅନ୍ତଃକରଣ,
ଆଉ ତୁମର ଆତ୍ମା ଯାହାକୁ ମୁଁ ଜଗାଇଲି
ଯାହାଫଳରେ ସିଏ
ଗାଉଥିବ ଜୀବନର ଶେଷଯାଏଁ।

ପ୍ରେୟସୀ, ତୁମର ଅପେକ୍ଷା କରିଛି।
ବିଦାୟ, ପ୍ରିୟେ,
ମୁଁ ତୁମର ଅପେକ୍ଷା କରିଛି।

ଆଉ ଏଥିପାଇଁ ଏହି ଚିଠି
ବିନା କୌଣସି ଦୁଃଖର
ସମାପ୍ତ ହେଉଛି:
ମୋ ପାଦ ଧରିତ୍ରୀ ଉପରେ
ସ୍ଥିର ହୋଇ ରହିଛି,
ମୋ ହାତ ସଡ଼କ ଉପରେ
ଏହି ଚିଠି ଲେଖୁଛି,
ଆଉ ଜୀବନ ଭିତରେ ମୁଁ ସର୍ବଦା
ବାନ୍ଧବୀ ସହିତ ରହିବି,
ଶତ୍ରୁର ସାମ୍ନା କରିବି,
ମୋ ମୁହଁରେ ତୁମ ନାଆଁ ରହିବ
ଏବଂ ଗୋଟିଏ ଚୁମ୍ବନ
ଯାହା କେବେ ବି ତୁମଠୁ ଦୂର ହୋଇନି।

ପ୍ରଶ୍ନ ପୋଥି

ଭୂମିକା

ପାବ୍ଲୋ ନେରୁଦାଙ୍କର ଶେଷ କବିତା ବହି "ପ୍ରଶ୍ନ ପୋଥି" (THE BOOK OF QUESTIONS), ବିଚିତ୍ର ପ୍ରଶ୍ନ ସମୂହରେ ଗଢ଼ା। ଏହା ଗୋଟିଏ କବିତା ବହି ଯେଉଁଥିରେ ରହିଛି କେବଳ ପ୍ରଶ୍ନାବଳୀ। ୭୪ଟି କବିତାରେ ରହିଛି ପ୍ରଶ୍ନ। ପ୍ରଶ୍ନବାକ୍ୟକୁ ସଜାଇ କରି କେମିତି ଗୋଟିଏ କାବ୍ୟଗ୍ରନ୍ଥ ରଚନା କରାଯାଇପାରେ ଏହା ତାହାର ଉଦାହାରଣ। ଲକ୍ଷ୍ୟ କଲେ ଆମେ ଦେଖିବା, ପ୍ରଶ୍ନବାଚକ ବାକ୍ୟର ଶରୀରରେ ଏମିତି ଗୋଟିଏ ପରିସର ରହିଛି ଯାହାଫଳରେ କରାଯାଇ ପାରେ ବାର୍ତ୍ତାବହ ବର୍ଣ୍ଣନା, ଅନୁଜ୍ଞା ଓ ବିସ୍ମୟ। କବି ଯେତେବେଳେ ପ୍ରଶ୍ନ କରନ୍ତି,

> ଲେମ୍ବୁ ଗନ୍ଧରେ ମାଗ୍‌ନୋଲିଆ ଫୁଲଗୁଡ଼ିକ
> କାହାକୁ ବୋକା ବନାନ୍ତି? (୨୬)

ଏହି ବାକ୍ୟରେ ରହିଛି ଏମିତି ଗୋଟିଏ ବାର୍ତ୍ତା ଯେ ଚମ୍ପକପୁଷ୍ପ ଲେମ୍ବୁର ଗନ୍ଧରେ ସୁଗନ୍ଧିତ ହୁଏ ଏବଂ ସେହି ଗନ୍ଧ କାହାକୁ ବୋକା ବନାଏ। ଯେତେବେଳେ ପ୍ରଶ୍ନଟା ହୋଇଥାଏ ଏହିପରି,

> କେଉଁଠି ଖୋଜି ପାଇବ ସେହି ଘଣ୍ଟିଟି
> ଯାହା ତୁମ ସ୍ୱପ୍ନରେ ମଧ୍ୟ ବାଜୁ ଥିବ? (୨୮)

ଏହି ପ୍ରଶ୍ନରେ ଛଦ୍ମବେଶ ହୋଇ ହାଜରି ହୁଏ ଏହି ଅନୁଜ୍ଞା ଯେ ତୁମେ ଏମିତି ଗୋଟିଏ ଘଣ୍ଟି ଖୋଜ ଯାହା ବାଜିବ ତୁମର ସ୍ୱପ୍ନ ଭିତରେ। କବି ଯେତେବେଳେ ପ୍ରଶ୍ନ କରିଛନ୍ତି,

> ବର୍ଷାରେ ଠିଆ ହୋଇ ରହିଥିବା ଟ୍ରେନ୍‌ଠାରୁ ଦୁନିଆରେ
> ଆଉ କଣ ଅଧିକ ଦୁଃଖ ଦାୟକ ଘଟଣା ଥାଇପାରେ? (୩)

ଏହି ବାକ୍ୟ ସେତେବେଳେ କେବଳ ପ୍ରଶ୍ନବାଚକ ନୁହେଁ, ଏହା ଏକାସାଙ୍ଗରେ ପ୍ରକାଶ, ସେହି ଧରଣର ଗୋଟିଏ ଟ୍ରେନ୍‌ର ବିଷନ୍ନତାକୁ ନେଇ କିମ୍ବା ତାହା ନେଇ ଯେଉଁ କାରଣରୁ ତାହା ବିଷନ୍ନ ହୋଉ ଉଠିଛି। କେବେ କେବେ କବି ଗୋଟିଏ ବର୍ଣ୍ଣନାକୁ

ଗୋଚରକୁ ଆଣିବା ପାଇଁ ଏବଂ ଗୋଟିଏ ସହିତ ଗୋଟିଏ ସହଭାଗୀ ହେବାକୁ ପ୍ରଶ୍ନ କରନ୍ତି,

ତୁମେ କ'ଣ ଲକ୍ଷ୍ୟ କରିଛ ଯେ ଶରତ ଋତୁ ଦେଖିବାକୁ
ଗୋଟିଏ ହଳଦିଆ ରଂଗର ଗାଈ ପରି ? (୧୭)

ଏହା ଏମିତି ଗୋଟିଏ ବର୍ଣ୍ଣନା, ଯାହାକୁ ବିସ୍ମୟ ବା ଅନୁଜ୍ଞାର ପ୍ରଶ୍ନତଳେ ଯେତେବେଳେ ନେଇଯାଉଛନ୍ତି, ସେତେବେଳେ ଉକ୍ତିଗୁଡ଼ିକ ବଙ୍କେଇ ଯାଉଛି ଏବଂ ସୃଷ୍ଟି ହେଉଛି ପ୍ରଶ୍ନାଳଙ୍କାର। ଏହି ବଙ୍କେଇ ଯାଉଥିବା କଥା ବା ବକ୍ରୋକ୍ତି ସୂତ୍ରରେ ଆମର ମନେ ପଡ଼ିବ 'ବକ୍ରୋକ୍ତି ଜୀବିତ'ର ପ୍ରସଙ୍ଗ; ସିଏ କହିଛନ୍ତି "ବଙ୍କା କଥା ହିଁ କବିତାର ପ୍ରାଣ।"

ମୃତ୍ୟୁର ମାସେ ଖଣ୍ଡେ ପୂର୍ବରୁ ନେରୁଦାଙ୍କର ଏହି ଶେଷ କବିତା ବହି "ପଶ୍ନ ପୋଥି" (THE BOOK OF QUESTIONS) ର ଲେଖା ସମାପ୍ତ ହୋଇଥିଲା। ଏହି ପୁସ୍ତକଟି ସ୍ପେନୀୟ ଭାଷାରେ ପ୍ରକାଶିତ ହେଲା ନେରୁଦାଙ୍କର ମୃତ୍ୟୁ ପରେ ୧୯୭୪ ମସିହାରେ।

ନେରୁଦା ଲେଖିଛନ୍ତି, "ମୁଁ କୌଣସି ସମାଲୋଚକ ବା ପ୍ରବନ୍ଧକାର ନୁହେଁ। ମୁଁ ସାଧାରଣ କବି ମାତ୍ର। କବିତାକୁ ଛାଡ଼ି ଅନ୍ୟ ଭାଷାରେ କଥା କହିବା ମୋ ପକ୍ଷରେ ଅତ୍ୟନ୍ତ କଷ୍ଟସାଧ୍ୟ। ଯଦି ମୋତେ ପ୍ରଶ୍ନ କର ମୋ କବିତା କଣ ? ତାହେଲେ ମୋତେ କହିବାକୁ ପଡ଼େ ମୁଁ ଜାଣିନି। କିନ୍ତୁ ଯଦି ମୋ କବିତାକୁ ପ୍ରଶ୍ନ କର ସିଏ ଜବାବ ଦେବ, ମୁଁ କିଏ।"

ସ୍ପେନୀୟ ଭାଷାର ପୁସ୍ତକଟି "(THE BOOK OF QUESTIONS), ନାମରେ ଉଇଲିୟମ ଓ'ଡାଲି (William O' Daly) ଙ୍କ ଦ୍ୱାରା ଇଂରେଜୀରେ ଅନୂଦିତ ହୋଇ ୧୯୮୭ ମସିହାରେ ପ୍ରକାଶ ପାଇଛି।

ଏହି ପୁସ୍ତକ ବିଷୟରେ ଇଂରେଜୀ ଅନୁବାଦକ ଉଇଲିୟମ ଓ' ଡାଲି (William O' Daly) ଲେଖିଛନ୍ତି, "ନେରୁଦାଙ୍କର କୌଣସି ଅନ୍ୟ କୃତି ତୁଳନାରେ ଏହି କବିତାଗୁଡ଼ିକ ଆମକୁ ମନେ ପକେଇ ଦେଉଛି ଯେ ଆମେ ମୌଳିକ ପ୍ରଶ୍ନଗୁଡ଼ିକ ପ୍ରତି ଦୂରଦର୍ଶୀ ସମର୍ପଣର ସ୍ଥିତିରେ ରହିଛୁ, ମୁକ୍ତ ହୋଇ କରି।"

"ପ୍ରଶ୍ନ ପୋଥି" ସେହି ଇଂରେଜୀ ପୁସ୍ତକଟିର ଓଡ଼ିଆ ଅନୁବାଦ।

ଏହା ଓଡ଼ିଶାର ସୁଧୀ ପାଠକ-ପାଠିକାମାନଙ୍କ ମହଲରେ ଆଦୃତ ହେବ ବୋଲି ଆଶା ଓ ବିଶ୍ୱାସ।

-ଅନୁବାଦକ

୧

କାହିଁକି ବିଶାଳକାୟ ଉଡ଼ାଜାହାଜଗୁଡ଼ିକ
ନିଜର ପିଲାପିଲିଙ୍କୁ ନେଇ ଉଡ଼ନ୍ତିନି ?

କେଉଁ ହଳଦିଆ ରଙ୍ଗର ପକ୍ଷୀ
କାଗେଜି ଲେମ୍ବୁରେ ତାର ନୀଡ଼କୁ ଭର୍ତ୍ତି କରିଦିଏ ?

କାହିଁକି ସେମାନେ ହେଲିକପ୍ଟରଗୁଡ଼ିକୁ
ସୂର୍ଯ୍ୟାଲୋକରୁ ମଧୁ ଶୋଷିବାକୁ ଶିଖାନ୍ତିନି ?

ଆଜି ରାତିରେ କେଉଁଠି ରଖିଥିଲା
ପୂର୍ଣ୍ଣିମା ଜହ୍ନ ତାର ମଇଦା ବସ୍ତାଗୁଡ଼ିକୁ ?

୨

ମୋ ଅଜାଣତରେ ଯଦି ମୁଁ ମରିଯାଏ
ତେବେ କାହାକୁ ସମୟ ପଚାରିବି ?

ଫ୍ରାନ୍ସରେ, ବସନ୍ତ ଏତେ ସବୁ ପତ୍ର
କେଉଁଠୁ ପାଏ ?

ଜଣେ ଅନ୍ଧ ମଣିଷ କେଉଁଠି ରହି ନିଜକୁ ବଞ୍ଚାଇ ପାରିବ
ଯାହାକୁ ମହୁମାଛି ଗୋଡ଼ଉଛି ?

ଯଦି ହଳଦିଆ ରଙ୍ଗ ଶେଷ ହୋଇଯାଏ
ତେବେ କଣ ନେଇ ଆମେ ପାଉଁରୁଟି ତିଆରି କରିବା ?

୩

ମୋତେ କହ, ଗୋଲାପ କଣ ଉଲଗ୍ନ
ନା ଏହା ତାହାର ଏକମାତ୍ର ପୋଷାକ ?

କାହିଁକି ଗଛଗିଡ଼ିକ ଲୁଚାଇ ରଖନ୍ତି
ସେମାନଙ୍କ ଚେରର ସୌନ୍ଦର୍ଯ୍ୟକୁ ?

କିଏ ଶୁଣିପାରେ
ଅପରାଧୀ ଗାଡ଼ିଗୁଡ଼ିକର ଅନୁତାପ ?

ବର୍ଷାରେ ଠିଆ ହୋଇ ରହିଥିବା ଟ୍ରେନ୍‌ଠାରୁ ଦୁନିଆରେ
ଆଉ କଣ ଅଧିକ ଦୁଃଖଦାୟକ ଘଟଣା ଥାଇପାରେ ?

୪

ସ୍ୱର୍ଗରେ କେତୋଟି ଗୀର୍ଜା ଘର ଅଛି ?

ବେହିଆ ସାଗର-କୁହୁକିନୀମାନଙ୍କୁ ଶାର୍କ କାହିଁକି ଆକ୍ରମଣ କରେନି ?

ଧୂଆଁ କଣ ମେଘ ସହିତ କଥାବାର୍ତ୍ତା ହୁଏ ?

ଏହା କଣ ସତ ଯେ ଆମ କାମନାସମୂହକୁ ସିଞ୍ଚନ କରିବାକୁ ହେବ ଶିଶିରରେ ?

୪

ତୁମ କୁଜ ତଳେ କଣ ଅଛି ଯାହାକୁ ତୁମେ ପହରା ଦେଉଛ ?
ଓଟଟି ପଚାରିଲା କଇଁଚକୁ ।

ଆଉ କଇଁଚ ଉତ୍ତର ଦେଲା:
କମଳାକୁ ତୁମେ କଣ କହ ?

ନାସ୍‌ପାତି ଗଛରେ କଣ ବେଶି ପତ୍ର ଥାଏ
ଅତୀତର ସ୍ମୃତି ଅପେକ୍ଷା ?

ପତ୍ରଗୁଡ଼ିକ କାହିଁକି ଆତ୍ମହତ୍ୟା କରନ୍ତି
ଯେତେବେଳେ ସେଗୁଡ଼ିକ ହୋଇଯାନ୍ତି ପୀତ ବର୍ଣ୍ଣର ?

୬

କାହିଁକି ରାତିର ଟୋପି
ଏତେଗୁଡ଼ିଏ ଛିଦ୍ର ନେଇ ଉଡ଼ିଯାଏ ?

ପୁରୁଣା ପାଉଁଶ କଣ କହେ
ଯେତେବେଳେ ସିଏ ନିଆଁ ପାଖ ଦେଇ ଚାଲିଯାଏ ?

ସୁଖୀଠାରୁ ଅଧିକ ସୁଖୀ ହୋଇକରି,
ମେଘଗୁଡ଼ିକ କାହିଁକି ଏତେ କାନ୍ଦନ୍ତି ?

କାହାପାଇଁ ପରାଗର ଛାଇରେ
ସୂର୍ଯ୍ୟର ଗର୍ଭକେଶରଗୁଡ଼ିକ ପୋଡ଼ିଯାଏ ?

ଗୋଟିଏ ଦିନରେ କେତୋଟି ମହୁମାଛି ଥାଆନ୍ତି ?

୭

ଏହି ଶାନ୍ତି କଣ ପାରାବତର ଶାନ୍ତି ?
ଚିତାବାଘ କଣ ଯୁଦ୍ଧ ଆରମ୍ଭ କରେ ?

କାହିଁକି ଅଧ୍ୟାପକ ପଢ଼ାନ୍ତି
ମୃତ୍ୟୁର ଭୂଗୋଳ ?

କଣ ହୁଏ ସେହି ଲୋକମାନଙ୍କର
ଯେଉଁମାନଙ୍କୁ ଖାଉ ଖାଉ ସ୍କୁଲ ଯିବାର ଡେରି ହୁଏ ?

ସେମାନେ କଣ ସତରେ ସ୍ୱଚ୍ଛ ଅକ୍ଷରଗୁଡ଼ିକୁ
ଆକାଶ ସାରା ବିକ୍ଷିପ୍ତ କରି ଦିଅନ୍ତି ?

୮

ଏହା କଣ ପ୍ରକୃତରେ ବିଚଳିତ କରି ଦିଏ
ଆଗ୍ନେୟଗିରିଗୁଡ଼ିକୁ ଯେଉଁଥିରୁ ଉଦ୍ଗିରଣ ହୁଏ
ଅଗ୍ନି, ଶୀତଳତା ଓ କ୍ରୋଧ ?

କାହିଁକି କ୍ରିଷ୍ଟୋଫର କଲମ୍ବସ୍
ସ୍ପେନକୁ ଆବିଷ୍କାର କରି ପାରିଲେନି ?

ଗୋଟିଏ ବିଲେଇ ମନରେ କେତେ ପ୍ରଶ୍ନ ଥାଏ ?

ଅଶ୍ରୁତକ କଣ ଏବେ ବି ନ ଉଛୁଳି
ଅପେକ୍ଷା କରି ରହିଛି ଛୋଟ ହ୍ରଦଟି ଭିତରେ ?

ଅଥବା ସେଗୁଡ଼ିକ ଅଦୃଶ୍ୟ ନଦୀ
ଯାହା ବହିଚାଲିଛନ୍ତି ବିଷାଦର ଅଭିମୁଖେ ?

୯

ସୂର୍ଯ୍ୟ କଣ ଗତକାଲିର ସୂର୍ଯ୍ୟ ପରି
କିମ୍ବା ଏହି ଅଗ୍ନି କଣ ସେହି ଅଗ୍ନିଠାରୁ ଅଲଗା ?

ସେମାନଙ୍କର କ୍ଷଣକାଳର ପ୍ରାଚୁର୍ଯ୍ୟ ପାଇଁ
କେମିତି ଆମେ ମେଘଗୁଡ଼ିକୁ ଧନ୍ୟବାଦ ଜଣାଇବୁ ?

ଗରଜିଲା ମେଘ କେଉଁଠୁ ଆସେ
ତାର କଳା ରଙ୍ଗର ଲୋତକପୂର୍ଣ୍ଣ ମୁଣିଟିକୁ ନେଇ ?

କେଉଁଠି ଅଛି ସେହି ନାଆଁଗୁଡ଼ିକ
ଯାହା ଗତବର୍ଷର କେକ୍ ପରି ମଧୁର ?

କେଉଁଠିକି ଯାଇଛନ୍ତି ସେମାନେ, ସେହି ସବୁ ଡୋନାଲଡସ୍,
କ୍ଲୋରିନ୍‌ଡାସ୍, ଏଡୁଭିଗିସେସ୍ ?

୧୦

ମୋ ଟୋପିକୁ ନେଇ ପୋଲାଣ୍ଡର ଅଧିବାସୀମାନେ
ଶହେ ବର୍ଷ ପରେ କଣ ଭାବିବେ ?

ମୋ କବିତା ବିଷୟରେ ସେମାନେ କଣ କହିବେ
ଯେଉଁମାନେ ମୋ ରକ୍ତକୁ କେବେ ବି ଛୁଇଁ ନାହାନ୍ତି ?

ବିଅରରୁ ଉଚ୍ଛୁଳି ପଡୁଥିବା ଫେଣକୁ
କେମିତି ଆମେ ମାପିବୁ ?

ପେଟ୍ରାର୍କଙ୍କର ଗୋଟିଏ ସନେଟ୍‌ରେ
ଅଟକି ଯାଇଥିବା ମାଛିଟି କଣ କରେ ?

୧୧

ଅନ୍ୟମାନେ କେତେବେଳ ଯାଏଁ କଥା କହି ପାରିବେ
ଯଦି ଆମର ବକ୍ତବ୍ୟ ସରିଯାଇଛି ?

ଶିକ୍ଷାଶାସ୍ତ୍ରରେ ପଣ୍ଡିତ ମାରିନେଲୋଙ୍କୁ ନେଇ
ହୋସେ ମାର୍ତ୍ତି କଣ ବା କହନ୍ତି ?

ଯାହାହେଉ, ନଭେମ୍ବର ମାସର ବୟସ କେତେ ?

ଏତେ ପୀତବର୍ଣ୍ଣର ଟଙ୍କା ପାଇଁ
ଶରତ ଋତୁକୁ କେତେ ମୂଲ୍ୟ ଦେବାକୁ ପଡ଼ିବ ?

ସେହି କକ୍‌ଟେଲ୍‌ର ନାଆଁ କଣ ଯେଉଁଥିରେ ମିଶା ଯାଇଛି
ଭୋଦ୍‌କା ଆଉ ଚମକୁଥିବା ବିଜୁଳି ?

୧୨

ଆଉ କାହା ଆଡ଼େ ଅନେଇ କରି ଭାତ ହସେ
ତାର ଅସଂଖ୍ୟ ଧଳାଦାନ୍ତକୁ ଦେଖେଇ କରି ?

କାହିଁକି ଅନ୍ଧକାରତମ ଯୁଗରେ
ସେମାନେ ଅଦୃଶ୍ୟ ସ୍ୟାହିରେ ଲେଖନ୍ତି ?

କାରାକାସ୍‌ର ସୁନ୍ଦରୀ କଣ ଜାଣେ
ଗୋଲାପ ଫୁଲର କେତୋଟି ସ୍କର୍ଟ ଅଛି ?

କାହିଁକି ଡାଆଁଶ ଆଉ
ସାହିତ୍ୟିକ-ସିପାହୀଗଣ ମୋତେ କାମୁଡ଼ନ୍ତି ?

୧୩

ଏହା କଣ ସତ ଯେ ଇନ୍ଦ୍ରିୟଲୋଲୁପ କୁମ୍ଭୀରମାନେ
କେବଳ ଅଷ୍ଟ୍ରେଲିଆରେ ରହନ୍ତି ?

କମଳାଗଛରେ କେମିତି କମଳାଗୁଡ଼ିକ
ସୂର୍ଯ୍ୟାଲୋକକୁ ଭାଗ କରନ୍ତି ?

ତିକ୍ତ ମୁଖରୁ କଣ ବାହାରି ଆସେ
ଲବଣର ଦାନ୍ତ ?

ଏହା କଣ ସତ ଯେ କୃଷ୍ଣକାୟ ଶକୁନି
ରାତିରେ ମୋ ଦେଶ ଉପରେ ଚକ୍କର କାଟୁଛି ?

୧୪

ଆଉ ଡାଳିମ୍ବ ରସର ଆଗରେ ଠିଆ ହୋଇ
ମାଣିକ୍ୟ କଣ କହେ ?

କାହିଁକି ଗୁରୁବାର ନିଜେ ଶୁକ୍ରବାର ପରେ
ଆସିବାର କଥା କହେନି ?

କିଏ ସେ ଉଲ୍ଲାସର ସହିତ ଚିତ୍କାର କଲା
ଯେତେବେଳେ ଜନ୍ମନେଲା ନୀଳରଙ୍ଗ ?

କାହିଁକି ପୃଥିବୀ ଦୁଃଖିତ ହୁଏ
ଯେତେବେଳେ ଓଡ଼ଶମାନେ ପହଞ୍ଚନ୍ତି ?

୧୫

କିନ୍ତୁ ଏହା କଣ ସତ ଯେ ହାତକଟା ଗେଞ୍ଜିଗୁଡ଼ିକ
ବିଦ୍ରୋହ କରିବା ପାଇଁ ପ୍ରସ୍ତୁତ ହେଉଛନ୍ତି ?

କାହିଁକି ବସନ୍ତ ପୁଣି ଥରେ
ଉପହାର ଦେଉଛି ତାର ସବୁଜ ପୋଷାକଗୁଡ଼ିକୁ ?

କାହିଁକି କୃଷିକାର୍ଯ୍ୟ ଉପହାସ କରୁଛି
ଆକାଶର ମ୍ଳାନ ଅଶ୍ରୁକୁ ଦେଖି ?

କେମିତି ପରିତ୍ୟକ୍ତ ସାଇକେଲ୍‌ଟା
ତାର ସ୍ୱାଧୀନତା ହାସଲ୍ କରୁଛି ?

୧୬

ଲୁଣ ଓ ଚିନି ମିଶି କରି ତିଆରି କରନ୍ତି
ଗୋଟିଏ ଶ୍ୱେତ ମିନାର ?

ଏହା କଣ ସତ ଯେ ଗୋଟିଏ ଉଇହୁଙ୍କାର
ସ୍ୱପ୍ନଦେଖିବା ବାଧ୍ୟତାମୂଳକ ?

ତୁମେ କ'ଣ ଜାଣ ଶରତ ଋତୁରେ
ବିଶ୍ୱ କାହା ଉପରେ ଧ୍ୟାନ ରଖୁଛି ?

କାହିଁକି ପ୍ରଥମ ସୁନେଲୀ ପତ୍ରଟିକୁ
ଗୋଟିଏ ପଦକ ଦିଆଯିବନି ?

୧୭

ତୁମେ କଣ ଲକ୍ଷ୍ୟ କରିଛ ଯେ ଶରତ ଋତୁ ଦେଖିବାକୁ
ଗୋଟିଏ ହଳଦିଆ ରଙ୍ଗର ଗାଈପରି ?

ଆଉ କେମିତି ସେହି ଶାରଦୀୟ ପଶୁଟି
ଗୋଟିଏ କୃଷ୍ଣକାୟ କଙ୍କାଳରେ ପରିଣତ ହୁଏ ?

ଆଉ ଶୀତ ଋତୁ କେମିତି ସଂଗ୍ରହ କରେ
ଏତେଗୁଡ଼ିଏ ନୀଳ ରଙ୍ଗର ପରତ ?

ଆଉ ବସନ୍ତ ସମୟକୁ କିଏ ନିମନ୍ତ୍ରଣ କରେ
ତାର ନିର୍ମଳ ବାୟୁର ସାମ୍ରାଜ୍ୟ ପାଇଁ ?

୧୮

ଅଙ୍ଗୁରଗୁଡ଼ିକ କେମିତି ଜାଣି ପାରନ୍ତି
ତାଙ୍କର ପେନ୍ଥା ବିଷୟରେ ?

ଆଉ ତୁମେ କଣ ଜାଣିଛ କେଉଁଟା ବେଶି କଷ୍ଟକର
ବୀଜ ବୁଣିବା ନା ଫସଲ କାଟିବା ?

ନର୍କ ବିନା ବଞ୍ଚିବା ଅତି ଖରାପ:
ଆମେ କଣ ପୁଣିଥରେ ତାର ନିର୍ମାଣ କରି ପାରିବାନି ?

ଆଉ ଦୁଃଖୀ ନିକ୍ସନଙ୍କ ପିଚାକୁ ଜଳାଇବା ପାଇଁ
ରଡ଼ ନିଆଁ ଉପରେ ଠିକ୍ ଭାବରେ କେମିତି ରଖିବାକୁ ହେବ ?

ଅଳ୍ପ ଆଞ୍ଚରେ କଣ ତାଙ୍କୁ ପୋଡ଼ା ଯାଇପାରିବ
ଉତ୍ତର ଆମେରିକାର ନାପାମ୍ ବୋମାରେ ?

୧୯

ସେମାନେ କଣ ମକା କ୍ଷେତରେ ଥିବା
ସୁନାକୁ ଗଢ଼ିଛନ୍ତି ?

ତୁମେ କଣ ଜାଣିଛ ଯେ ମଧ୍ୟାହ୍ନରେ
ପାଟାଗୋନିଆରେ କୁହୁଡ଼ିର ରଙ୍ଗ ସବୁଜ ?

ପରିତ୍ୟକ୍ତ ଉପହ୍ରଦର
ଗଭୀରତମ ପାଣି ଭିତରେ ରହି କିଏ ଗୀତ ଗାଉଛି ?

କାହା ଆଡ଼େ ଚାହିଁ କରି ତରଭୁଜ ହସେ
ଯେତେବେଳେ ତାକୁ ହତ୍ୟା କରାଯାଏ ?

୨୦

ଏହା କଣ ସତ ଯେ ତୃଣମଣି ରଖିଥାଏ
ସମୁଦ୍ର-କୁହୁକିନୀର ଅଶ୍ରୁରାଜି ?

ସେମାନେ ସେହି ଫୁଲଟିକୁ କଣ କହନ୍ତି
ଯିଏ ପକ୍ଷୀରୁ ପକ୍ଷୀକୁ ଉଡ଼ି ବୁଲେ ?

ନ ଘଟିବା ଅପେକ୍ଷା ବିଳମ୍ବରେ ଘଟିବା କଣ
ଅଧିକ ଭଲ ନୁହେଁ ?

ଆଉ ଫ୍ରାନ୍ସରେ ଛେନା କାହିଁକି ସ୍ଥିର କରେ ତାର
ବୀରତ୍ୱ ଦେଖାଇବା ପାଇଁ ?

୨୧

ଆଉ ଯେତେବେଳେ ଆଲୋକକୁ ଆବିଷ୍କାର କରାଯାଇଥିଲା
ତାହା କଣ ହୋଇଥିଲା ଭେନେଜୁଏଲାରେ ?

କେଉଁଠି ରହିଛି ସମୁଦ୍ରର କେନ୍ଦ୍ର ?
କାହିଁକି ଢେଉଗୁଡ଼ିକ ସେଠାକୁ ଯାଆନ୍ତିନି ?

ଏହା କଣ ସତ ଯେ ଉଲ୍କାପିଣ୍ଡ ଥିଲା
ନୀଳକାନ୍ତମଣିର କପୋତ ?

ମୁଁ କଣ ମୋ ବହିକୁ ପ୍ରଶ୍ନ କରି ପାରିବି
ଏହା କଣ ସତ ଯେ ମୁଁ ତୁମକୁ ଲେଖୁଛି ?

୨୨

ପ୍ରେମ, ପ୍ରେମ, ଟୁଆଁ ଆଉ ଟୁଇଁର,
ଯଦି ସେମାନେ ଚାଲିଗଲେ, ତେବେ ଗଲେ କୁଆଡ଼େ ?

ଗତକାଲି, ଗତକାଲି ମୁଁ ମୋର ଆଖିକୁ ପ୍ରଶ୍ନ କରିଥିଲି
କେବେ ପୁଣି ଆମର ଦେଖାହେବ ?

ଆଉ କେବେ ତୁମେ ପଲଟାଇ ଦେବ ଦୃଶ୍ୟପଟଟିକୁ
ଖାଲି ହାତରେ ନା ହାତମୋଜା ପିନ୍ଧିକରି ?

ଆକାଶରେ ଗୁଜବ କେମିତି ବାସେ
ଯେତେବେଳେ ପାଣିର ନୀଳ ରଙ୍ଗ ଗୀତ ଗାଏ ?

୨୩

ଯଦି ପ୍ରଜାପତି ନିଜର କାୟାକଳ୍ପ ବଦଳାଏ
ତେବେ କଣ ସିଏ ହୋଇଯିବ ଗୋଟିଏ ଉଡ଼ନ୍ତା ମାଛ ?

ତାହେଲେ କଣ ଏହା ସତ ନଥିଲା ଯେ ଚନ୍ଦ୍ର ଉପରେ
ବାସ କରୁଥିଲେ ଈଶ୍ୱର ?

ନୀଳଲୋହିତ ଲୁହ ଝରଉଥିବା ନୀଳର
ବାସ୍ନାର ରଙ୍ଗ କଣ ଥିଲା ?

କେତୋଟି ସପ୍ତାହ ଥାଏ ଗୋଟିଏ ଦିନରେ
ଆଉ ଗୋଟିଏ ମାସରେ କେତୋଟି ବର୍ଷ ?

୨୪

ଚାରି କଣ ପ୍ରତ୍ୟେକଙ୍କ ପାଇଁ ସେହି ଗୋଟିଏ ଚାରି ?
ସବୁ ସାତ କଣ ସମାନ ?

ଜଣେ କଏଦୀ ଯେଉଁ ଆଲୋକର ସ୍ୱପ୍ନ ଦେଖେ
ଏହା କଣ ସେହି ଆଲୁଅ ଯାହା ତୁମକୁ ଆଲୋକିତ କରେ ?

ଅସୁସ୍ଥ ଲୋକ ପାଇଁ, ତୁମ ମତରେ
ଏପ୍ରିଲ୍ ମାସର ରଙ୍ଗ କଣ ?

ପାଶ୍ଚାତ୍ୟର କେଉଁ ରାଜବଂଶ
ଅଫିମଫୁଲର ସଂକେତ ଥିବା ପତାକା ଉଡ଼ାଏ ?

୨୫

କାହିଁକି ଉପବନ ଖୋଲିଦିଏ ତାର ପୋଷାକ
କେବଳ ତୁଷାର ପାଇଁ ଅପେକ୍ଷା କରିବା ଉଦ୍ଦେଶ୍ୟରେ ?

ଆଉ ଆମେ କେମିତି ଜାଣିବୁ
କଲିକତାର ଦେବତାମାନଙ୍କ ଭିତରୁ କିଏ ପ୍ରକୃତ ଭଗବାନ ?

କାହିଁକି ସବୁ ରେଶମୀକୀଟ
ଜୀବନ ବିତାନ୍ତି ଦରିଦ୍ରତା ଭିତରେ ?

ଚେରୀର ହୃଦୟର ମଧୁରିମା
କାହିଁକି ଏତେ କଠିଣ ?

ତାହା କଣ ଏଇଥିପାଇଁ ଯେ ତାକୁ ମରିବାକୁହେବ ନିଶ୍ଚୟ
ଅଥବା ଏଇଥିପାଇଁ ଯେ ତାକୁ ଏମିତି ଭାବରେ ବଞ୍ଚିରହିବାକୁ ହେବ ?

୨୬

ସିଏ କଣ ସେହି ସତ୍ୟନିଷ୍ଠ ସିନେଟର
ଯିଏ ମୋ ପାଇଁ ଗୋଟିଏ ଦୁର୍ଗ ଉତ୍ସର୍ଗ କରିଥିଲେ ?

ଏହା ଭିତରେ ସିଏ କଣ ତାର ପୁତୁରା ସହିତ ମିଶି
ହତ୍ୟାକାରୀର କେକ୍‌କୁ ଖାଇ ସାରିଛି ?

ଲେମ୍ବୁର ଗନ୍ଧରେ ମାଗ୍‌ନୋଲିଆ ଫୁଲଗୁଡ଼ିକ
କାହାକୁ ବୋକା ବନାନ୍ତି ?

ଈଗଲ୍ କେଉଁଠି ରଖେ ତାର ଛୁରୀ
ଯେତେବେଳେ ସିଏ ମେଘ ଉପରେ ଶୋଇଥାଏ ?

୨୭

ହୁଏତ ସେହି ଟ୍ରେନ୍‌ଗୁଡ଼ିକ ଲାଜରେ ମରିଗଲେ
ଯେଉଁମାନେ ଭୁଲି ଯାଇଥିଲେ ତାଙ୍କ ବାଟ ?

କିଏ ସେ କେବେ ଦେଖିନି ତିକ୍ତ ଘିକୁଆଁରୀ ଗଛ ?

କେଉଁଠି ସେମାନେ ପୋତିଥିଲେ
କମ୍ରେଡ୍ ପଲ୍ ଏଲୁୟାର୍ଦଙ୍କ ଆଖି ?

ତୁମ ପାଖରେ କଣ କଣ୍ଟାଗୁଡ଼ିକ ପାଇଁ କିଛି ଜାଗା ଅଛି ?
ସେମାନେ ଗୋଲାପବୁଦାକୁ ପ୍ରଶ୍ନ ପଚାରି ଥିଲେ ।

୨୮

ବୁଢ଼ା ଲୋକମାନେ କାହିଁକି ମନେ ରଖନ୍ତିନି
ସେମାନଙ୍କର ଥିବା ଋଣ କିମ୍ବା ପୋଡ଼ାଘା କଥା ?

ଏହା କଣ ସତରେ ଥିଲା,
ବିସ୍ମିତା କୁମାରୀର ସୁବାସ ?

ଯେତେ ଶୀଘ୍ର ହୋଇପାରେ ସେମାନଙ୍କୁ ଦରିଦ୍ରତାରୁ
ମୁକ୍ତ କରିବାକୁ ହେବ ବୋଲି କାହିଁକି ଗରିବ ଲୋକ
ବୁଝିପାରେନି ?

କେଉଁଠି ଖୋଜି ପାଇବ ସେହି ଘଣ୍ଟିଟି
ଯାହା ତୁମ ସ୍ୱପ୍ନରେ ମଧ୍ୟ ବାଜୁଥିବ ?

୨୯

ମିଟର୍‌ର ଗୋଲାକାର ମାପ ଫିତାରେ
ସୂର୍ଯ୍ୟ ଓ କମଳାଗୁଡ଼ିକ ମଧ୍ୟରେ ଦୂରତ୍ୱ କେତେ ?

ସୂର୍ଯ୍ୟ ଯେତେବେଳେ ତାର ଜ୍ୱଳନ୍ତ ବିଛଣାରେ ଶୋଇ ପଡ଼େ
ସେତେବେଳେ କିଏ ତାକୁ ଜଗାଇ ଦିଏ ?

ପୃଥିବୀ କଣ ଝିଙ୍କାରୀ ପରି ଗୀତ ଗାଏ
ସ୍ୱର୍ଗର ସଂଗୀତ ସହ ତାଳ ଦେଇ ?

ଏହା କଣ ସତ ଯେ ବିଷନ୍ନତା ସବୁବେଳେ କଠିଣ
ଆଉ ହତାଶା ହେଉଛି ତରଳ ?

୩୦

ସିଏ ଯେତେବେଳେ ରଚନା କଲେ ତାଙ୍କର ନୀଳ ପୁସ୍ତକଟି
ସେତେବେଳେ କଣ ରୁବେନ୍ ଦାରିଓ ସବୁଜ ନ ଥିଲେ ?

ରାମ୍ବୋ କଣ ଥିଲେ ଟକଟକ ନାଲି,
ଗଙ୍ଗୋରା ଥିଲା ବାଇଗଣୀ ରଙ୍ଗର ?

ଆଉ ଭିକ୍ଟର ହ୍ୟୁଗୋ ତ୍ରିରଙ୍ଗା ?
ଆଉ ମୁଁ ହଳଦିଆ ରଙ୍ଗର ଫିତା ?

ଗରିବମାନଙ୍କର ସବୁ ସ୍ମୃତି କଣ
ଗଦାଗଦା ହୋଇ ଗାଆଁଗୁଡ଼ିକରେ ରହେ ?

ଆଉ ବଡ଼ଲୋକମାନେ କଣ ତାଙ୍କର ସ୍ମୃତିଗୁଡ଼ିକୁ
ଧାତୁରେ କାରୁକାର୍ଯ୍ୟ କରାଯାଇଥିବା ବାକ୍ସରେ ରଖନ୍ତି ?

୩୧

କାହାକୁ ପଚାରି ବୁଝିବି ଯେ ଯେଉଁ କାମ କରିବା ପାଇଁ
ମୁଁ ଏହି ଦୁନିଆକୁ ଆସିଛି ?

ନ ଚାହିଁ ମଧ୍ୟ ମୁଁ କାହିଁକି ଚଲାବୁଲା କରେ,
ସ୍ଥିର ହୋଇ ମୁଁ କାହିଁକି ବସି ପାରେନି ?

ଚକହୀନ ହେଲେ ବି ମୁଁ କେମିତି ଗଡ଼େ,
ଡେଣା କିମ୍ବା ପର ନ ଥିଲେ ମଧ୍ୟ ମୁଁ ଉଡ଼େ କେମିତି ?

ଆଉ କାହିଁକି ମୁଁ ଅନ୍ୟ ଦେଶକୁ ଯିବାକୁ ସ୍ଥିର କଲି
ଯଦିଓ ମୋର ଅସ୍ଥି ରହିଛି ଚିଲିରେ ?

୩୨

ପାବ୍ଲୋ ନେରୁଦା ନାଆଁରେ ପରିଚିତ ହେବା ଅପେକ୍ଷା
ଆଉ କିଛି ବୋକାମି କଣ ଏ ଜୀବନରେ ଅଛି ?

କଲମ୍ବିଆର ଆକାଶରେ କଣ ମେଘର
କେହି ସଂଗ୍ରହକ ଅଛି ?

କାହିଁକି ଛତାଗୁଡ଼ିକର ସମାବେଶ
ସବୁ ସମୟରେ ଲଣ୍ଡନରେ ହୁଏ ?

ଶେବାର ରାଣୀଙ୍କ ରକ୍ତ କଣ ଥିଲା
ବାଦାମର ବାସ୍ନା ଥିବା ଇତାଲୀୟ ସୁରା ରଙ୍ଗର ?

ଯେତେବେଳେ ବଦେଲେୟାର କାନ୍ଦୁଥିଲେ
ସେତେବେଳେ କଣ ତାଙ୍କ ଆଖିରୁ ଝରୁଥିଲା କଳା ଲୁହ ?

୩୩

ଆଉ ମରୁଭୂମିରେ ସୂର୍ଯ୍ୟ କାହିଁକି ପଥିକ ପାଇଁ
ଏତେ ନିର୍ଦ୍ଦୟୀ ସଙ୍ଗୀ ?

ଆଉ ସୂର୍ଯ୍ୟ କାହିଁକି ଏତେ ସହାନୁଭୂତିଶୀଳ
ଡାକ୍ତରଖାନାର ବଗିଚାରେ ?

ଜହ୍ନର ଆଲୋକର ଜାଲରେ କିଏ ପଡ଼ିଛି:
ଚଢ଼େଇ ନା ମାଛ ?

ଏହା କଣ ସେହି ସ୍ଥାନ ଯେଉଁଠାରେ ସେମାନେ
ମୋତେ ହଜେଇ ଦେଇ ଥିଲେ
ଆଉ ଅବଶେଷରେ ମୁଁ ଖୋଜି ପାଇଥିଲି ନିଜକୁ ?

୩୪

ଯେଉଁ ସବୁ ଗୁଣ ମୁଁ ଭୁଲି ଯାଇଛି
ସେଗୁଡ଼ିକୁ ନେଇ କରି ମୁଁ କଣ ଗୋଟିଏ ନୂଆ ସୁଟ୍
ସିଲେଇ କରି ପାରିବି ?

କାହିଁକି ଭଲ ନଦୀଗୁଡ଼ିକ ବାହାରକୁ ଆସିଯାନ୍ତି
ଫ୍ରାନ୍ସରେ ପ୍ରବାହିତ ହେବା ପାଇଁ ?

ଗୁଭେରାର ରାତି ସରିଯିବା ପରେ
ବଲିଭିଆରେ କାହିଁକି ଭୋର୍ ହୁଏନି ?

ଆଉ ତାହାର ହତ୍ୟା କରାଯାଇଥିବା ଆତ୍ମା
ସେଠାରେ କଣ ହତ୍ୟାକାରୀଙ୍କୁ ଖୋଜୁଛି ?

ମରୁଭୂମିର କଳା ଅଙ୍ଗୁରଗୁଡ଼ିକର କଣ
ମୌଳିକ ଅଶ୍ରୁ-ତୃଷ୍ଣା ରହିଥାଏ ?

୩୫

ଆମ ଜୀବନ କଣ ଦୁଇଟି ଅସ୍ପଷ୍ଟ ଅସ୍ୱଚ୍ଛତାର
ମଧ୍ୟରେ ଥିବା ଗୋଟିଏ ସୁଡ଼ଙ୍ଗ ?

ଅଥବା ଏହା କଣ ହେବନି
ଦୁଇଟି କଳା ତ୍ରିଭୁଜ ମଧ୍ୟରେ ଥିବା ସ୍ୱଚ୍ଛତା ?

କିମ୍ବା ଜୀବନ କଣ ହେବନି ଗୋଟିଏ ମାଛ
ଯିଏ ପ୍ରସ୍ତୁତ ହୋଇଥିବ ପକ୍ଷୀଟିଏ ହେବା ପାଇଁ ?

ମୃତ୍ୟୁ କଣ ଅନସ୍ତିତ୍ୱକୁ ନେଇ
କିମ୍ବା ବିପଜ୍ଜନକ ସବୁ ଜିନିଷକୁ ନେଇ ଗଢ଼ା ଯିବ ?

୩୬

ଅବଶେଷରେ, ମୃତ୍ୟୁ କଣ ଗୋଟିଏ
ସୀମାହୀନ ରୋଷେଇ ଘରରେ ପରିଣତ ହେବନି ?

କଣ କରିବେ ତୁମର ପୃଥକୀକୃତ ହାଡ଼ଗୁଡ଼ିକ,
ଆଉ ଥରେ କଣ ତୁମ ଅବୟବକୁ ଖୋଜିବେ ?

ତୁମର ଅବଶେଷ କଣ ମିଶିଯିବ
ଅନ୍ୟ ଗୋଟିଏ ସ୍ୱରରେ ଏବଂ ଆଉ ଏକ ଆଲୋକରେ ?

ତୁମ ଦେହରେ ଥିବା କୃମିଗୁଡ଼ିକ କଣ ଅଂଶ ହେବେ
କୁକୁରମାନଙ୍କର କିମ୍ବା ପ୍ରଜାପତିମାନଙ୍କର ?

୩୭

ତୁମ ଚିତାର ପାଉଁଶରୁ କଣ ଜନ୍ମ ନେବେ,
ଚେକୋସ୍ଲୋଭାକିଆର ବାସିନ୍ଦାମାନେ ନା କଇଁଚ ?

ତୁମ ଓଠ କଣ ଚୁମ୍ବନ ଦେବ କାର୍‌ନେସନ୍ ଫୁଲକୁ,
ସଂକଟାପନ୍ନ ହୋଇ ଅନ୍ୟ ଓଠ ପାଖରୁ ?

କିନ୍ତୁ ତୁମେ କଣ ଜାଣିଛ ମୃତ୍ୟୁ କେଉଁଠୁ ଆସେ,
ଉପରୁ ତଳକୁ ନା ତଳୁ ଉପରକୁ ?

ଜୀବାଣୁରୁ ବା କାହୁରୁ,
ଯୁଦ୍ଧରୁ କିମ୍ବା ଶୀତରତୁରୁ ?

୩୮

ତୁମେ କଣ ବିଶ୍ୱାସ କରନି ଯେ ମୃତ୍ୟୁ ଥାଏ
ଚେରୀର ସୂର୍ଯ୍ୟ ଭିତରେ ?

ବସନ୍ତର ଗୋଟିଏ ଚୁମ୍ବନ
ତୁମକୁ କଣ ହତ୍ୟାକରି ପାରେନି ?

ତୁମେ କଣ ବିଶ୍ୱାସ କର ଯେ ଶୋକ ତୁମ ଆଗେ ଆଗେ
ତୁମର ନିୟତିର ଧ୍ୱଜାକୁ ଧରି ଚାଲୁଥାଏ ?

ଆଉ ଖପୁରୀ ଭିତରେ କଣ ତୁମେ ଆବିଷ୍କାର କର
ତୁମ ପୂର୍ବପୁରୁଷଗଣ ସେହି ହାଡ଼ ଯୋଗୁ ଲାଞ୍ଛିତ ?

୩୯

ତୁମେ କଣ ସମୁଦ୍ରର ହସରେ
ବିପଦର ସଂକେତ ପାଅନି ?

ଅଫିମଫୁଲର ରକ୍ତରଙ୍ଗର ରେଶମୀ ଦେହରେ
କିଏ ସେ ତୁମକୁ ଧମକେଇବା କଣ ତୁମେ ଅନୁଭବ କରନି ?

ତୁମେ କଣ ଦେଖିପାରନି ଯେ ସେଓଗଛର ଫୁଲଗୁଡ଼ିକ
ସେଓ ଭିତରେ ହି ମରିଯାଏ ?

ହସଦ୍ୱାରା ଘେରାଇ ହୋଇ ରହି ତୁମେ କଣ କାନ୍ଦନି
ବିସ୍ମୃତିର ବୋତଲ ସହିତ ?

୪୦

କାହା ପାଖକୁ ଯିବେ କ୍ଷୀଣ ଶକୁନିମାନେ
ସେମାନଙ୍କ ଲକ୍ଷ୍ୟ ହାସଲ ହେବା ପରେ ?

ଗୋଟିଏ ନିଃସଙ୍ଗ ମେଣ୍ଢାର ବିଷନ୍ନତାକୁ
ସେମାନେ କଣ କହିବେ ?

ଆଉ କଣ ଘଟେ କପୋତର ଘରେ
ଯଦି କପୋତ ଗୀତ ଗାଇବା ଶିଖେ ?

ଯଦି ମାଛିମାନେ ତିଆରି କରନ୍ତି ମହୁ
ତାହେଲେ କଣ ସେମାନେ ମହୁମାଛିମାନଙ୍କୁ ଅସନ୍ତୁଷ୍ଟ କରନ୍ତି ?

୪୧

କରୁଣାର ଭିତରକୁ ଯିବା ପରେ
ଗଣ୍ଡା ଆଉ କେତେ ଦିନ ବଞ୍ଚେ ?

ନବ ବସନ୍ତର ପତ୍ରଗୁଡ଼ିକ ପାଇଁ
କଣ ନୂଆ ଥାଏ ?

ଶୀତଦିନରେ, ପତ୍ରଗୁଡ଼ିକ କଣ
ଚେର ସହିତ ଲୁଚିକରି ବଞ୍ଚି ରହେ ?

ମାଟି ପାଖରୁ କଣ ଗଛ ଶିଖେ
ଆକାଶ ସହିତ କଥାବାର୍ତ୍ତା ହେବା ପାଇଁ ?

୪୨

ଯିଏ ସବୁ ସମୟରେ ଅପେକ୍ଷା କରୁଥିବା ଲୋକ
ସିଏ କଣ କେବେ ବି କାହାପାଇଁ ଅପେକ୍ଷା ନ କରୁଥିବା
ଲୋକଠାରୁ ବେଶି କଷ୍ଟ ପାଏ ?

କେଉଁଠି ଶେଷ ହୁଏ ଇନ୍ଦ୍ରଧନୁ,
ତୁମର ଆତ୍ମାରେ ନା ଦିଗନ୍ତରେ ?

ହୁଏତ ଗୋଟିଏ ଅଦୃଶ୍ୟ ତାରା ପାଇଁ
ଆତ୍ମହତ୍ୟା କରିବାର ସ୍ଥାନ ହେବ ସ୍ୱର୍ଗଲୋକ ?

କେଉଁଠି ଅଛି ଲୁହାର ଅଙ୍ଗୁର କ୍ଷେତଗୁଡ଼ିକ
ଯେଉଁଠାରୁ ଉଲ୍କାପିଣ୍ଡ ଖସେ ?

୪୩

କିଏ ସେହି ନାରୀ ଯିଏ ତୁମକୁ ପ୍ରେମ କରେ
ତୁମ ସ୍ୱପ୍ନରେ,
ଯେତେବେଳେ ତୁମେ ଶୋଇଥାଅ ?

କୁଆଡ଼େ ଚାଲିଯାନ୍ତି ସ୍ୱପ୍ନରେ ଜିନିସ ସବୁ ?
ସେଗୁଡ଼ିକ କଣ ଅନ୍ୟର ସ୍ୱପ୍ନକୁ ଚାଲିଯାନ୍ତି ?

ଆଉ ତୁମ ବାପା ଯିଏ ତୁମର ସ୍ୱପ୍ନରେ ବଞ୍ଚି ରହନ୍ତି
ସିଏ କଣ ପୁନର୍ବାର ମୃତ୍ୟୁ ବରଣ କରନ୍ତି ତୁମେ ଚେଇଁବା ପରେ ?

ସ୍ୱପ୍ନରେ, ଗଛଗୁଡ଼ିକ କଣ ଫୁଲରେ ଖେଳି ଉଠନ୍ତି
ଆଉ ସେମାନଙ୍କର ପବିତ୍ର ଫଳ କଣ ପରିପକ୍ୱ ହୁଏ ?

୪୪

କେଉଁଠି ଅଛି ସେହି ଶିଶୁ ଯିଏ ମୁଁ ଥିଲି,
ମୋ ଭିତରେ ଏବେ ବି ରହିଛି ନା ଚାଲି ଯାଇଛି ?

ସିଏ କଣ ଜାଣିଛି ଯେ ମୁଁ ତାକୁ ମୋଟେ ଭଲ ପାଇ ନଥିଲି
ଆଉ ସିଏ ମୋତେ କେବେ ବି ଭଲପାଇ ନ ଥିଲା ?

କାହିଁକି ଆମେ ଏତେ ସମୟ ବିତାଉ ବଡ଼ହେବାକୁ
ଖାଲି ଅଲଗା ହୋଇଯିବା ପାଇଁ ?

କାହିଁକି ଆମେ ଦୁହେଁ ଏକାସାଙ୍ଗରେ ମରି ନଗଲୁ
ଯେତେବେଳେ ମରିଗଲା ମୋର ଶୈଶବ ?

ଆଉ କାହିଁକି ମୋର କଙ୍କାଳ ମୋତେ ଅନୁସରଣ କରେ
ଯଦିଓ ଆତ୍ମା ମୋତେ ଛାଡ଼ିକରି ଚାଲିଯାଇ ଥାଏ ?

୪୫

ବଣର ହଳଦିଆ ରଙ୍ଗ କଣ
ଗତବର୍ଷର ପରି ସେମିତିକା ହଳଦିଆ ?

ଆଉ ନିର୍ଦ୍ଦୟ ସମୁଦ୍ର ପକ୍ଷୀର ସେହି କଳା ଉଡ଼ାଣ
କଣ ପୁନର୍ବାର ସେହି ପରି ହେବ ?

ଅଉ କେଉଁଠି ସେହି ମହାଶୂନ୍ୟର ଶେଷ
ଯାହାର ନାମ ମୃତ୍ୟୁ କିମ୍ବା ଅନନ୍ତ ?

ଅଣ୍ଟା ଉପରେ ବେଶି ଚାପ କିଏ ପକାଏ
ଦୁଃଖ ନା ସ୍ମୃତି ?

୪୬

ଆଉ ସେହି ମାସର ନାଆଁ କଣ
ଯେଉଁଟା ପଡୁଛି ଡିସେମ୍ବର ଓ ଜାନୁୟାରୀର ମଝିରେ ?

କେଉଁ ଅଧିକାରରେ ସେମାନେ ବାନ୍ଧିଥିଲେ
ବାରଟା ଅଙ୍ଗୁରର ପେନ୍ଥା ?

କାହିଁକି ସେମାନେ ସାରାବର୍ଷ ଚାଲିବା ଭଳି
ଦୀର୍ଘ ମାସ ଆମକୁ ଦେଇ ନାହାନ୍ତି ?

ବସନ୍ତ କଣ ତୁମକୁ ଚୁମ୍ବନ ପ୍ରଦାନ କରି ଠକିନି
ଯାହା କେବେ ଫଳପ୍ରଦ ହୋଇ ନଥିଲା ?

୪୭

ଶରତ ଋତୁର ମଝିରେ କଣ ତୁମେ ଶୁଣିବାକୁ ପାଅ
ପୀତ ବର୍ଣ୍ଣର ବିସ୍ଫୋରଣ ?

କେଉଁ କାରଣରୁ ଅଥବା ଅବିଚାର ଯୋଗୁ
ବର୍ଷା ତାର ଆନନ୍ଦ ପ୍ରକାଶ କରେ କାନ୍ଦି କରି ?

ବାଟ କଢ଼ାନ୍ତି କେଉଁ ପକ୍ଷୀମାନେ
ଯେତେବେଳେ ପକ୍ଷୀଙ୍କ ଦଳ ଉଡ଼ିଯିବାକୁ ବାହାରନ୍ତି ?

ଗୁଂଜନ କରୁଥିବା ପକ୍ଷୀ କେଉଁଥିରୁ ଓହଳେଇ ରଖିଥିବ
ତାର ଉଜ୍ଜ୍ୱଳ ସଂତୁଳନ ?

୪୮

ସିନ୍ଧୁ-କୁହୁକିନୀମାନଙ୍କର ସ୍ତନ ଗୁଡ଼ିକ କଣ
ସମୁଦ୍ରରୁ ବାହାରିଥିବା ସର୍ପିଳ ଶାମୁକା ?

ଅଥବା ସେଗୁଡ଼ିକ ପଥର ପାଲଟିଥିବା ଢ଼େଉ
ନା ନିଶ୍ଚଳତାର ଖେଳ ଫେଣର ?

ଘାସରେ କଣ ନିଆଁ ଲାଗିନି
ବଣୁଆ ଜୁଳୁଜୁଳିଆ ପୋକମାନଙ୍କ ପାଇ ?

ଶରତ ଋତୁର କେଶ ପ୍ରସାଧକମାନେ କଣ
ସେବତୀ ଫୁଲର ମୁଣ୍ଡର ବାଳକୁ ଅଡୁଆ କରି ଦେଇଥିଲେ ?

୪୯

ଯେତେବେଳେ ମୁଁ ପୁଣି ଥରେ ସମୁଦ୍ରକୁ ଦେଖେ
ସେତେବେଳେ ସମୁଦ୍ର ମୋତେ ଦେଖୁଥିବ କି ନାହିଁ ?

କାହିଁକି ଢେଉଗୁଡ଼ିକ ମୋତେ ପଚାରନ୍ତି
ଯେଉଁ ପ୍ରଶ୍ନଗୁଡ଼ିକ ମୁଁ ସେମାନଙ୍କୁ ପଚାରି ଥାଏ ?

ଆଉ କାହିଁକି ସେମାନେ ପଥରରେ ପିଟି ହୁଅନ୍ତି
ଏତେ ଏତେ ନିଷ୍ଫଳ ଆବେଗରେ ?

ବାଲି ଉପରେ କଣ ସେମାନେ ତାଙ୍କର ଛାପ
ବାରମ୍ବାର ଛାଡ଼ିଯିବାରେ କ୍ଲାନ୍ତ ହୁଅନ୍ତିନି ?

୫୦

କିଏ ସମୁଦ୍ରକୁ ବୁଝେଇବ
ଯୁକ୍ତି ସଂଗତ ହେବା ପାଇଁ ?

ନୀଳ ତୃଣମଣି, ସବୁଜ ମୁଗୁନି ପଥରକୁ ଧ୍ୱଂସ କରି
ସିଏ କଣ ପାଇଥାଏ ?

ଆଉ ପଥର ଦେହରେ କାହିଁକି ଏତେ ଭାଙ୍ଗ ପଡ଼ିଥାଏ
ଏବଂ ରହିଥାଏ ଏତେ ଛିଦ୍ର ?

ସମୁଦ୍ରର ପଛପଟୁ ମୁଁ ଆସିଛି,
ଏବେ ମୁଁ କୁଆଡ଼େ ଯିବି ଯେତେବେଳେ ସିଏ
ମୋ ବାଟକୁ ଓଗାଳିବ ?

ସମୁଦ୍ରର ଫାନ୍ଦରେ ପଡ଼ିବା ପରେ,
ମୁଁ କାହିଁକି ରାସ୍ତା ବନ୍ଦ କରିଥିଲି ?

୫୧

ମୁଁ କାହିଁକି ସହରଗୁଡ଼ିକୁ ଘୃଣା କରେ
ଗନ୍ଧ ଶୁଂଘି କରି ନାରୀମାନଙ୍କ ଦେହର ଓ ପରିସ୍ରାର ?

ସହର କଣ ଗୋଟିଏ କଂପମାନ ଶେଯର
ମହାସାଗର ନୁହେଁ ?

ପବନର ଓସେନିଆ ଭୂଖଣ୍ଡରେ କଣ ନାହିଁ
ଦ୍ୱୀପ ଓ ତାଳଗଛ ?

କାହିଁକି ମୁଁ ଫେରି ଆସେ
ସୀମାହୀନ ସମୁଦ୍ରର ଉଦାସୀନତା ଭିତରକୁ ?

୫୨

କେଡ଼େ ବଡ଼ ଥିଲା ସେହି କଳା ଅକ୍ଟୋପସ୍
ଯାହା ଅନ୍ଧକାରରେ ଢାଙ୍କି ଦେଇଥିଲା ଦିନର ଶାନ୍ତି ?

ତାର ଶାଖାଗୁଡ଼ିକ କଣ ଥିଲା ଲୁହାରେ ତିଆରି
ଏବଂ ଆଖିଗୁଡ଼ିକ ଥିଲା ମଲା ନିଆଁର ?

ଆଉ କାହିଁକି ତିନି ରଙ୍ଗିଆ ତିମି ମାଛ
ମୋତେ ଅଟକାଇ ଦେଲା ରାସ୍ତା ଉପରେ ?

୫୩

ମୋ ଆଖି ଆଗରେ କିଏ ଗିଳି ଦେଇଥିଲା ଗୋଟିଏ ଶାର୍କ ମାଛ
ଯାହା ଦେହରେ ବ୍ରଣ ଭର୍ତ୍ତି ହୋଇ ରହିଥିଲା ?

କିଏ ଥିଲା ଦୋଷୀ, ଝଡ଼ ବତାସ
ନା ରକ୍ତରଂଜିତ ମାଛମାନେ ?

ଏହା କଣ ଅବିରତ ଭଗ୍ନ ହେଉଥିବା କ୍ରମରେ ବ୍ୟାଘାତ
ନା ଯୁଦ୍ଧ ?

୫୪

ଏହା କଣ ସତ ଯେ ଚଢ଼େଇମାନେ
ଚନ୍ଦ୍ର ଉପରେ ବସବାସ କରିବାକୁ ଯାଉଛନ୍ତି ?

ସେମାନେ କଣ କର୍ଣ୍ଣସ୍ ପାଖରୁ ଛଡ଼େଇ କରି
ବସନ୍ତକୁ ତାଙ୍କ ସହିତ ନେଇଯିବେ ?

ଶରତ ଋତୁରେ କଣ ଚନ୍ଦ୍ରର ଚଢ଼େଇମାନେ
ଉଡ଼ି ବୁଲିବେ ?

ସେମାନେ କଣ ଆକାଶକୁ ଥଣ୍ଟରେ ଖୁମ୍ପି କରି
ବିସ୍‌ମଥ୍ ଖୋଜିବେ ?

ଆଉ ସେମାନେ କଣ ଝଡ଼ାଝଡ଼ି କରିବା ଫଳରେ
ଫେରି ଆସିବେ ବାଲ୍‌କୋନିକୁ
ପାଉଁଶ ସହିତ ?

୫୫

ସେମାନେ କାହିଁକି ଚୁଚୁନ୍ଦ୍ରାମାନଙ୍କୁ ଆଉ
କଇଁଚଗୁଡ଼ିକୁ ଚନ୍ଦ୍ରପାଖକୁ ପଠଉ ନାହାନ୍ତି ?

ଯେଉଁ ସବୁ ଜନ୍ତୁମାନେ ଗାତ ଓ ସୁଡ଼ଙ୍ଗ ଖୋଳନ୍ତି
ସେମାନେ କଣ ଏହି ସବୁ ସୁଦୂର ଅନୁସନ୍ଧାନର
ଦାୟିତ୍ୱ ନେଇ ପାରିବେ ?

୫୬

ତୁମେ କଣ ବିଶ୍ୱାସ କରନି ଯେ ଆରବୀୟ ଓଟଗୁଡ଼ିକ
ତାଙ୍କ କୁଜ ଉପରେ ଚନ୍ଦ୍ର କିରଣକୁ ସାଇତି ରଖନ୍ତି ?

ସେମାନେ କଣ ଗୋପନ ଅଧ୍ୟବସାୟ ସହିତ
ଚନ୍ଦ୍ର କିରଣକୁ ମରୁଭୂମିରେ ରୋପଣ କରନ୍ତି ?

ଆଉ ସମୁଦ୍ର କଣ କିଛିକ୍ଷଣ ପାଇଁ ରଣରେ
ପୃଥିବୀକୁ ମିଳିନି ?

ଆମକୁ କଣ ଏହା ଜୁଆର ସହିତ
ଚନ୍ଦ୍ରକୁ ଫେରାଇ ଦେବାକୁ ପଡ଼ିବନି ?

୫୭

ଗ୍ରହମାନଙ୍କ ମଧ୍ୟରେ ଚୁମ୍ବନର ଆଦାନ ପ୍ରଦାନ
ନିଷିଦ୍ଧ କରିବାଟା କଣ ଠିକ୍ ହେବନି ?

ଅନ୍ୟ ଗ୍ରହଗୁଡ଼ିକ ସଜବାଜ କରିବା ଆଗରୁ
ଏହି ବିଷୟରେ କାହିଁକି ବିଶ୍ଳେଷଣ କରି ହେବନି ?

ଆଉ ମହାକାଶ ଯାତ୍ରା ପାଇଁ ସଜହୋଇ ବସିଥିବା
ପ୍ଲାଟିପସ୍ ସହିତ କାହିଁକି କଥାବାର୍ତ୍ତା କରି ହେବନି ?

ଚନ୍ଦ୍ରରେ କଣ ଘୋଡ଼ାମାନଙ୍କ ପାଇଁ ଘୋଡ଼ାନାଲ
ତିଆରି ହୁଏନି ?

୫୮

ଆଉ ରାତିରେ କିଏ ଖଟ ଖଟ କରୁଛି ?
ଗ୍ରହସମୂହ ନା ଘୋଡ଼ାନାଲଗୁଡ଼ିକ ?

ଆଜି ସକାଳେ ମୋତେ କଣ ଉଲଗ୍ନ ସାଗର
ଏବଂ ଆକାଶ ଭିତରୁ ଗୋଟିଏକୁ ପସନ୍ଦ କରିବାକୁ ହେବ ?

ଆଉ ଆକାଶ କାହିଁକି ଏତେ ତରବର ହୋଇ
କୁହୁଡ଼ିର ପୋଷାକ ପିନ୍ଧୁଛି ?

ଇସ୍‌ଲା ନେଗ୍ରାରେ ମୋତେ କିଏ ଅପେକ୍ଷା କରି ରହିଛି ?
ସବୁଜ ସତ୍ୟ ନା ଶିଷ୍ଟତା ?

୫୯

କାହିଁକି ମୁଁ ରହସ୍ୟମୟ ହୋଇ ଜନ୍ମଲାଭ କଲିନି ?
କାହିଁକି ମୁଁ ସାଙ୍ଗସାଥି ବିନା ବୟସ ବିତାଇଲି ?

କିଏ ମୋତେ ଆଦେଶ ଦେଲା
ମୋ ଅହଙ୍କାରର ଦୁଆଟିକୁ ଭାଙ୍ଗି ଦେବା ପାଇଁ ?

ଆଉ କିଏ ମୋର ହୋଇ ବଞ୍ଚି ରହିଥିଲା
ଯେତେବେଳେ ମୁଁ ଥିଲି ନିଦ୍ରାଗତ ଅଥବା ଥିଲି ଅସୁସ୍ଥ ?

ଆଉ କିଏ ସେ ସେଠି ପତାକା ଉଡ଼ାଇଥିଲା
ଯେଉଁଠି ସେମାନେ ମୋତେ ଭୁଲି ନ ଥିଲେ ?

୬୦

ଆଉ ବିସ୍ମୃତିର ବିଚାର ସଭାରେ
ମୁଁ କେଉଁ ଗୁରୁତ୍ୱ ପାଇବି ?

ଭବିଷ୍ୟତର ଆସିବାର ପ୍ରକୃତ ଚିତ୍ରଟି
କେମିତି ହେବ ?

ପୀତ ବର୍ଣ୍ଣର ବସ୍ତୁପୁଞ୍ଜ ମଧ୍ୟରେ
ସେଇଟା କଣ ଶସ୍ୟବୀଜ ?

ଅଥବା ସେଇଟା କଙ୍କାଳସାର ହୃଦୟ
ଯାହା ହୋଇଥିବ ପୀଚ୍ ଫଳର ପ୍ରତିନିଧି ?

୬୧

ଢ଼ଳଢ଼ଳ ହେଉଥିବା ସତେଜ ପାରଦ ଟୋପା କଣ
ତଳଆଡ଼େ ଗଡ଼ି ଆସେ ନା ଚିରକାଳ ଆଡ଼େ ?

ମୋର ବିଷାଦଭରା କବିତା କଣ
ମୋର ନିଜ ଆଖିକୁ ନେଇ ଦେଖେ ?

ମୋର ଆଘ୍ରାଣ ଶକ୍ତି, ମୋର ବ୍ୟଥା କଣ ମୋର ହୋଇ ରହେ
ଯେବେ ମୁଁ ବିଧ୍ୱସ୍ତ ହୋଇ, ନିଦ୍ରାକୋଳକୁ ଯାଏ ?

୬୨

ମୃତ୍ୟୁର ସରୁ ଗଳି ଭିତରେ
ଚାଲିବାରେ ଲାଗି ରହିବାର ମାନେ କଣ ?

ଲବଣର ମରୁଭୂମିରେ କେମିତି
ଫୁଲ ଫୁଟିବା ସମ୍ଭବ ?

ସମୁଦ୍ର ଭିତରେ କିଛି ବି ଘଟେନି,
ସେଠି କଣ ପିନ୍ଧିକରି ମରିବା ପାଇଁ ରହିଥାଏ ପୋଷାକ ?

ଏବେ ଯେତେବେଳେ ହାଡ଼ଗୁଡ଼ିକ ଚାଲି ଯାଇଛି
କଣ ବା ରହିଛି ଅନ୍ତିମ ଧୂଳିରେ ?

୬୩

ଚଢ଼େଇମାନଙ୍କ ସହିତ କେମିତି ସଜେଇବି
ସେମାନଙ୍କର ଭାଷାର ଅନୁବାଦ ?

କେମିତି ଗୋଟିଏ କଇଁଚକୁ କହିବି ଯେ
ମୁଁ ତାଠୁ ବି ଧୀର ଗତିରେ ଚାଲେ ?

କେମିତି ଗୋଟିଏ ଡାଆଁଶକୁ ମୁଁ ପ୍ରଶ୍ନ କରିବି
ତାର ପ୍ରତିଯୋଗିତାରେ ବିଜୟୀ ହେବାର ପରିସଂଖ୍ୟାନ ?

ଅଥବା ସେହି କାରନେସନ୍ ଫୁଲକୁ ଜଣାଇବି
ତାର ସୁଗନ୍ଧ ପାଇଁ ମୋର କୃତଜ୍ଞତା ?

୬୪

କାହିଁକି ମୋର ଜୀର୍ଣ୍ଣ ପୋଷାକ
ଫର ଫର ହୋଇ ଉଡ଼େ ପତାକା ଭଳିଆ ?

ମୁଁ କଣ କେବେ କେବେ ମନ୍ଦ ହୋଇଥାଏ
କିମ୍ୱା ହୋଇଥାଏ ସବୁବେଳେ ଭଲ ?

ଆମେ କଣ ଦୟା କରିବାକୁ ଶିଖୁ
ନା ପିନ୍ଧିବାକୁ ଦୟାର ମୁଖାବରଣ ?

ପାପର ଗୋଲାପର ରଙ୍ଗ କଣ ଧଳା ନୁହେଁ
ଆଉ କଣ କଳା ନୁହେଁ ପୁଣ୍ୟର ଫୁଲର ରଙ୍ଗ ?

ଅସଂଖ୍ୟ ସରଳମତିମାନଙ୍କର ନାମ ଆଉ ସଂଖ୍ୟା
କିଏ ସ୍ଥିର କରେ ?

୬୫

ମୋ ଗୀତର ସ୍ୱର ଭଳି
ଧାତୁର ବିନ୍ଦୁ କଣ ଚମକୁ ଥାଏ ?

ଶବ୍ଦ କଣ କେବେ କେବେ
ସରସର ହୋଇ ଖସି ଚାଲିଯାଏ ସାପ ପରି ?

କମଳା ଭଳି ଗୋଟିଏ ନାମ
ତୁମ ହୃଦୟରେ କଣ ପଶିଯାଏନି ଗୁରୁଣ୍ଡି କରି ?

କେଉଁ ନଦୀରୁ ମାଛମାନେ ଆସନ୍ତି ?
କଣ ରୂପାର-କାରିଗରୀ ଶବ୍ଦରୁ ?

ଯେତେବେଳେ ସେମାନେ ପ୍ରଚୁର ସ୍ୱରବର୍ଣ୍ଣକୁ ଲଦି ଦିଅନ୍ତି
ପାଲଟଣା ଜାହାଜଗୁଡ଼ିକ କଣ ବୁଡ଼ି ଯାଏନି ?

୬୬

ଲୋକଓମାଟିଭ୍‌ରେ ଥିବା 'ଓ'ରୁ କଣ ବାହାରେ
ଧୂଆଁ, ନିଆଁ ଓ ବାଷ୍ପ ?

କେଉଁ ଭାଷାରେ ବର୍ଷା ଝରିଯାଏ
ବେଦନାକ୍ଲିଷ୍ଟ ସହରଗୁଡ଼ିକରେ ?

ପ୍ରତ୍ୟୁଷରେ, କେଉଁ ମସୃଣ ସ୍ୱରଗୁଡ଼ିକୁ
ସାମୁଦ୍ରିକ-ପବନ ବୁଲି ବୁଲି ଗାଏ ?

ଏମିତି କେଉ ତାରା ଅଛି
ଯାହା ଅଫିମ ଫୁଲ ଶବ୍ଦ ଅପେକ୍ଷା ବେଶି ଖୋଲାମେଲା ?

ଏମିତି କୌଣସି ଦୁଇଟି ବିଷଦାନ୍ତ ରହିଛି କି
ଯାହା ଶୃଗାଳ ଶବ୍ଦଠାରୁ ଅଧିକ ତୀକ୍ଷ୍ଣ ?

୬୭

ମୋତେ କଣ ତୁମେ ଭଲ ପାଇ ପାରିବ, ବର୍ଣ୍ଣମାଳା,
ଆଉ ମୋତେ କଣ ଦେଇ ପାରିବ ଗୋଟିଏ ସାର୍ଥକ ଚୁମ୍ବନ ?

ଅଭିଧାନ କଣ ଗୋଟିଏ କବର
ନା ଗୋଟିଏ ରୁଦ୍ଧ ମହୁଫେଣା ?

ବିତି ଯାଇଥିବା ସମୟକୁ ମୁଁ କେଉଁ ଝରକା ପାଖରେ
ଠିଆ ହୋଇ ଦେଖିଲି ?

ଅଥବା ଦୂରରେ ଠିଆ ହୋଇ ଦେଖୁଥିବି
ସେହି ସମୟକୁ ଯାହା ମୁଁ ଏଯାଏଁ ଦେଖିନି ?

୬୮

କେବେ ପ୍ରଜାପତି ପଢ଼େ
ତା ଡେଣାରେ ଲେଖା ଯାଇଥିବା ମାଛିମାନଙ୍କର ଲେଖା ?

କେଉଁ ବର୍ଣ୍ଣମାଳା ମହୁମାଛି ଜାଣେ
ଯାହା ଫଳରେ ସିଏ ବୁଝିପାରେ ତାର ଯାତ୍ରାକ୍ରମ ?

ଆଉ କେଉଁ ସଂଖ୍ୟାଗୁଡ଼ିକରୁ ପିମ୍ପୁଡ଼ି ଫେଡ଼ିଦିଏ
ତାର ମୃତ ସୈନ୍ୟମାନଙ୍କର ସଂଖ୍ୟା ?

ଘୂର୍ଣ୍ଣିଝଡ଼ଗୁଡ଼ିକୁ ଡକାଯାଏ କେଉଁ ନାମରେ
ଯେତେବେଳେ ସେଗୁଡ଼ିକ ସ୍ଥିର ହୋଇ ରହିଯାଏ ?

୬୯

ଭଲ ପାଇବାର ଭାବନାଗୁଡ଼ିକ କଣ
ମୃତ ଆଗ୍ନେଗିରିଗୁଡ଼ିକ ଭିତରେ ଖସି ପଡ଼େ ?

ଆଗ୍ନେୟଗିରିର ଜ୍ୱାଳାମୁଖ କଣ କୌଣସି ପ୍ରତିହିଂସା
ନା ପୃଥିବୀକୁ ଦିଆଯାଇଥିବା ଗୋଟିଏ ଶାସ୍ତି ?

କେଉଁ ତାରାମାନଙ୍କ ସହିତ ସେହି ନଦୀଗୁଡ଼ିକ କଥାବାର୍ତ୍ତା କରନ୍ତି
ଯେଉଁମାନେ ସମୁଦ୍ର ପାଖରେ ପହଞ୍ଚି ପାରନ୍ତିନି ?

୭୦

ନର୍କରେ କେଉଁ କାମ କରିବା ପାଇଁ
ହିଟ୍‌ଲର୍‌କୁ ବାଧ୍ୟ କରାଯାଉଛି ?

ସିଏ ରଙ୍ଗ କରୁଛି କାନ୍ଥଗୁଡ଼ିକୁ ନା ଶବଗୁଡ଼ିକୁ ?
ସିଏ କଣ ମୃତ ଦେହରୁ ବାହାରୁଥିବା ଗନ୍ଧକୁ ଶୁଂଘେ ?

ସେମାନେ କଣ ଶହଶହ ପୋଡ଼ାଯାଇଥିବା ପିଲାଙ୍କର
ପାଉଁଶକୁ ତାକୁ ଖାଇବାକୁ ଦିଅନ୍ତି ?

ଅଥବା, ମୃତ୍ୟୁ ପରଠାରୁ, ତାକୁ ଗୋଟିଏ କାହାଲୀରେ
ପିଇବାକୁ ଦିଅନ୍ତି ରକ୍ତ ?

କିମ୍ବା ତା ମୁହଁରେ ଠୁସି ଦିଅନ୍ତି
ଅନ୍ୟମାନଙ୍କ ପାଟିରୁ ବାହାର କରି ଆଣିଥିବା ସୁନାଦାନ୍ତଗୁଡ଼ିକ ?

୭୧

ଆଉ କଣ ସେମାନେ ତାକୁ କଣ୍ଟା ବାଡ଼ ଉପରେ
ରଖି ଦିଅନ୍ତି ଶୋଇବା ପାଇଁ ?

ଅଥବା ନର୍କରେ ଜଳୁଥିବା ଦୀପ ପାଇଁ
ତା ଚମ ଉପରେ ଚିତା କୁଟାନ୍ତି ?

କିମ୍ବା ବହ୍ନିଶିଖାର ଦୀର୍ଘକାୟ ହିଂସ୍ର କଳା କୁକୁରମାନେ
ତାକୁ ନିର୍ଦ୍ଦୟ ଭାବରେ ଝୁଣି ପକାନ୍ତି ?

ଅବା ବିଶ୍ରାମବିନା, ସାରାଦିନ ସାରାରାତି ତାକୁ
କଏଦୀମାନଙ୍କ ସହିତ ଚାଲିବାକୁ ହୁଏ ?

ନା ଗୋଟିଏ ଗ୍ୟାସ୍‌ଚେମ୍ବର୍ ଭିତରେ ବାଧ୍ୟକରି
ତାକୁ ଛାଡ଼ି ଦିଆଯାଏ ଜୀବନ୍ତ ମରଣ ଭୋଗିବାକୁ ଚିରକାଳ ?

୭୨

ଯଦି ସବୁ ନଦୀଗୁଡ଼ିକର ପାଣି ହୋଇଥାଏ ମଧୁର
ତେବେ ସମୁଦ୍ର କେଉଁଠୁ ଲବଣ ପାଏ ?

କେମିତି ଋତୁଗୁଡ଼ିକ ଜାଣନ୍ତି
ସେମାନଙ୍କୁ ପୋଷାକ ବଦଳାଇବାକୁ ପଡ଼ିବ ବୋଲି ?

କାହିଁକି ଏତେ ଧୀରେ ଶୀତ ଦିନରେ
ଏବଂ ପରେ ଏତେ ଶୀଘ୍ର ଶୀଘ୍ର କଂପିତ ହୁଏ ?

ଆଉ କେମିତି ଚେରଗୁଡ଼ିକ ଜାଣନ୍ତି
ଆଲୁଅ ଆଡ଼କୁ ତାଙ୍କୁ ଚଢ଼ିବାକୁ ହେବ ?

ଆଉ ତାପରେ ଏତେ ସବୁ ଫୁଲ ଏବଂ ରଙ୍ଗଗୁଡ଼ିକର ସହିତ
ପବନକୁ ଅଭିବାଦନ ଜଣାନ୍ତି ?

ସବୁବେଳେ କଣ ସେହି ବସନ୍ତ
ନିଜର ଦାୟିତ୍ୱକୁ ପୁନର୍ଜୀବିତ କରେ ?

୭୩

କିଏସେ ପୃଥିବୀରେ କଠିଣ ପରିଶ୍ରମ କରେ,
ମଣିଷ ନା ଶସ୍ୟର ସୂର୍ଯ୍ୟ ?

ଦେବଦାରୁ ଗଛ ନା ଅଫିମ ଗଛ
କାହାକୁ ପୃଥିବୀ ବେଶି ଭଲ ପାଏ ?

ଆର୍କିଡ୍ ଓ ଗହମ ଭିତରୁ
କାହାକୁ ସିଏ ବେଶି ପସନ୍ଦ କରେ ?

କାହିଁକି ଫୁଲରେ ଏତେ ପ୍ରାଚୁର୍ଯ୍ୟ
ଆଉ ଗହମରେ ଏତେ ମଳିନ ସ୍ୱର୍ଣ୍ଣାଭ।

ଶରତ କଣ ଆଇନ ମାନି କରି ଆସେ
କିମ୍ବା ଏହା ଗୋପନରେ ରହିଥିବା ଗୋଟିଏ ଋତୁ ?

୭୪

କାହିଁକି ଏହା ଶାଖାଗୁଡ଼ିକୁ କାମୁଡ଼ି କରି ଧରି ଥାଏ
ଯେତେବେଳଯାଏଁ ପତ୍ରଗୁଡ଼ିକ ଝଡ଼ି ଯାଏନି ?

ଆଉ ଏହା ତାର ପୀତବର୍ଣ୍ଣର ପାଇଜାମାଗୁଡ଼ିକୁ
କେଉଁଠି ଲଟକାଇ ଥାଏ ?

ଏହା କଣ ସତ ଯେ କିଛି ଗୋଟେ ଘଟିବା ପାଇଁ
ଶରତ ଋତୁ ଅପେକ୍ଷା କରେ ?

ସମ୍ଭବତ କଂପନ ଗୋଟିଏ ପତ୍ରର
କିମ୍ବା ବ୍ରହ୍ମାଣ୍ଡର ଚଳନ ?

ପୃଥିବୀର ତଳେ କଣ ଗୋଟିଏ ଚୁମ୍ବକ ଅଛି,
ଶରତ ଋତୁର ଚୁମ୍ବକ ଭାଇ ?

କେବେ ଗୋଲାପ ଫୁଲର ନିଯୁକ୍ତି ପାଇଁ
ନିର୍ଦ୍ଦେଷ ମିଳିବ ମାଟିତଳୁ ?

ପାବ୍ଲୋ ନେରୁଦାଙ୍କ ଜୀବନୀ

ପ୍ରାରମ୍ଭିକ କାଳ

ପାବ୍ଲୋ ନେରୁଦାଙ୍କର ପ୍ରକୃତ ନାମ ଥିଲା ରିକାର୍ଦୋ ଏଲିସାର ନେଫତାଲି ରେଇୟେସ ବାସୋୟାଲତୋ (Ricardo Ellecer Neftali Reyes Basoalto)। ୧୯୦୪ ମସିହାର ଜୁଲାଇ ୧୨ ତାରିଖରେ ଚିଲିର ସାଣ୍ଟିୟାଗୋର ୩୫୦ କିଲୋମିଟର ଦକ୍ଷିଣର ଲିନାରେସ ପ୍ରଦେଶର (ବର୍ତ୍ତମାନ ବୃହତ୍ତର ମାଉଲେ ଅଞ୍ଚଳ) ପରାଲ ସହରରେ ସିଏ ଜନ୍ମ ଗ୍ରହଣ କରିଥିଲେ। ତାଙ୍କ ପିତା ଯୋଶେ ଡେଲ୍ କାରମେନ୍ ରେଇୟେସ (Jose del carmen Reyes) ଥିଲେ ଜଣେ ରେଲ୍‌ୱେ କର୍ମଚାରୀ ଏବଂ ମାତା ରୋଜା ନେଫତାଲି ବାସୋୟାଲତୋ (Rosa Neftali Basoatto) ଥିଲେ ବିଦ୍ୟାଳୟର ଶିକ୍ଷୟିତ୍ରୀ। ତାଙ୍କ ଜନ୍ମର ଦୁଇମାସ ପରେ ମାତା ମୃତ୍ୟୁ ବରଣ କଲେ। ତାପରେ ତାଙ୍କ ପିତା ତେମୁକୋକୁ ଚାଲିଯାଆନ୍ତି। ସେଠାରେ ସିଏ ଦୋନାତ୍ରିନିଦାଦ କାନ୍‌ଦିୟା ମାଲଭରାଦେ (Dona Trinidad candia Malverde) ନାମକ ମହିଳାଙ୍କ ସହିତ ବିବାହ କରନ୍ତି, ଯାହାର ପୂର୍ବରୁ ନଅ ବର୍ଷ ବୟସର ରିକାର୍ଦୋ ରେଇୟେସ କାନ୍‌ଦିୟା (Ricardo Reyes cardia) ନାମକ ଗୋଟିଏ ପୁତ୍ର ସନ୍ତାନ ଥିଲା। ନେରୁଦା ତେମୁକୋରେ ସାବତ ଭାଇ ଓ ସାଭତ ଭଉଣୀଙ୍କ ସହ ବଢ଼ି ଉଠନ୍ତି। ନେରୁଦା ତାଙ୍କର ପ୍ରଥମ ଦିନର କବିତାଗୁଡ଼ିକ ୧୯୧୪ ମସିହାରେ ଶୀତକାଳରେ ରଚନା କରିଥିଲେ। ନେରୁଦା ଥିଲେ ଜଣେ ନାସ୍ତିକ।

ସାହିତ୍ୟିକ ଜୀବନ

ନେରୁଦାଙ୍କ ପିତା ତାଙ୍କର ଲେଖାଲେଖି ଏବଂ ସାହିତ୍ୟକୁ ନେଇ ଆଗ୍ରହର ବିରୋଧ କରୁଥିଲେ ବି ସ୍ଥାନୀୟ ବିଦ୍ୟାଳୟର ଶିକ୍ଷୟିତ୍ରୀ ଓ ଭବିଷ୍ୟତ ନୋବେଲ ପୁରସ୍କାର ବିଜୟିନୀ ଗାବ୍ରିୟେଲା ମିସ୍ତାଲ (Gabrila Mistral) ଙ୍କ ପରି ଆହୁରି

ଅନେକ ଜଣଙ୍କ ପାଖରୁ ଉତ୍ସାହ ଲାଭ କରନ୍ତି। ୧୯୧୭ ମସିହାର ଜୁଲାଇ ୧୮ ତାରିଖରେ ମାତ୍ର ୧୩ ବର୍ଷ ବୟସରେ ଦୈନିକ ସଂବାଦପତ୍ର ଲାମାନାନା (La Manana) ରେ ନେଫତାଲି ରଇୟେସ୍ ନାମରେ ସ୍ୱାକ୍ଷରିତ ତାଙ୍କର ପ୍ରଥମ ଲେଖା ପ୍ରବନ୍ଧ "ଆନ୍ତରିକତା ଓ ଅଧ୍ୟବସାୟ" ପ୍ରକାଶିତ ହୁଏ। ୧୯୧୮ ରୁ ୧୯୨୦ ମସିହାର ମଧ୍ୟଭାଗ ପର୍ଯ୍ୟନ୍ତ ସ୍ଥାନୀୟ ପତ୍ରିକାରେ ନେଫତାଲି ରଇୟେସ ନାମରେ ତାଙ୍କର ବହୁତ କବିତା ଓ ପ୍ରବନ୍ଧ ପ୍ରକାଶିତ ହୁଏ। ୧୯୧୯ ମସିହାରେ ସିଏ ଆଇୟେସ ପେରାଲେସ ଦେଲ ମାଉଲେ (eyes perales del maule) ସାହିତ୍ୟ ପ୍ରତିଯୋଗିତାରେ ଅଂଶ ଗ୍ରହଣ କରନ୍ତି ଆଉ ସେଠାରେ ତାଙ୍କର କବିତା 'କମ୍ୟୁନିୟନ ଆଇଡିୟାଲ" (communion ideal) ପାଇଁ ତୃତୀୟ ସ୍ଥାନ ଅଧିକାର କରନ୍ତି। ୧୯୨୦ ମସିହାରେ ଅଧାଅଧି ସମୟରେ ସିଏ ପାବ୍ଲୋନେରୁଦା ଛଦ୍ମନାମ ଗ୍ରହଣ କରି କବିତା ଓ ଗଦ୍ୟ ପ୍ରକାଶନ ଏବଂ ସାଂବାଦିକତା ଆରମ୍ଭ କରନ୍ତି। ସିଏ ଚେକ୍ କବି ଜାନ ନେରୁଦା (Jan Neruda) ଙ୍କ ନାମାନୁସାରେ ତାଙ୍କର ଛଦ୍ମନାମ ଗ୍ରହଣ କରିଥିଲେ ବୋଲି ମନେ କରାଯାଏ। ତେବେ କିଛି ସୂତ୍ରରୁ ଉଲ୍ଲେଖ କରାଯାଏ ସାର୍ ଆର୍ଥର କୋନାନ ଡୟେଲ (Arthur Conan Doyle)ଙ୍କର "ଏ ଷ୍ଟଡି ଇନ୍ ସ୍କାରଲେଟ (A study in Scarlet) ଉପନ୍ୟାସର ମୋରାଭୀୟ ବେହେଲାବାଦକ ଉଇଲମା ନେରୁଦା (Wilma Neruda)ରୁ ସିଏ ଏହି ନାମରେ ଅନୁପ୍ରେରଣା ଲାଭ କରିଛନ୍ତି। ଛଦ୍ମନାମରେ ଲେଖା ପ୍ରକାଶର କ୍ଷେତ୍ରରେ ଏହି ତରୁଣ କବିଙ୍କର ଉଦ୍ଦେଶ୍ୟ ଥିଲା ତାଙ୍କର କବିତା ଲେଖା ବିଷୟରେ ପିତାଙ୍କର ଅସମ୍ମତିକୁ ଉପେକ୍ଷା କରିବା।

୧୯୨୧ ମସିହାରେ ୧୬ ବର୍ଷ ବୟସରେ ନେରୁଦା ଶିକ୍ଷକ ହେବା ଅଭିପ୍ରାୟରେ ସାଣ୍ଟିୟାଗୋରେ ଚିଲିବିଶ୍ୱବିଦ୍ୟାଳୟରେ ଫରାସୀ ଭାଷା ଶିକ୍ଷା କରିବାକୁ ଯାଆନ୍ତି। ତେବେ ସିଏ ଅଳ୍ପଦିନ ମଧ୍ୟରେ ଦିନ-ରାତି ଏକ କରି ସାହିତ୍ୟ ଓ କବିତା ଲେଖାରେ ମନ ଦିଅନ୍ତି ଏବଂ ପ୍ରଖ୍ୟାତ ଲେଖକ ଏଦୁୟାର୍ଦୋ ବାରିୟୋସ (Eduardo Bios)ଙ୍କର ସହାୟତାରେ ସେ ସମୟରେ ଚିଲିର ପ୍ରଖ୍ୟାତ ପ୍ରକାଶକ ଡନ କାର୍ଲୋସ ଜର୍ଜ ନାସିମେନ୍ତୋ (Don Carlos George Nascimento)ଙ୍କ ସହିତ ସାକ୍ଷାତ କରନ୍ତି। ନାସିମେନ୍ତାଙ୍କ ସଂପାଦନାରେ ତାଙ୍କର ପ୍ରଥମ କବିତା ବହି "ଗୋଧୂଳିର ପୁସ୍ତକ" (Book of Twilights) ପ୍ରକାଶିତ ହୁଏ। ତା'ପରବର୍ଷ ତାଙ୍କର ଦ୍ୱିତୀୟ କବିତା ପୁସ୍ତକ "କୋଡ଼ିଏଟି କବିତା ପ୍ରେମର ଏବଂ ଗୋଟିଏ ଗୀତ ହତାଶାର (Twenty Love Poems and a Song of Despair) ପ୍ରକାଶ ପାଏ। ଦ୍ୱିତୀୟ ବହିଟି ଥିଲା ପ୍ରେମ-କବିତାର ସଂକଳନ ଯାହା ଏତେ ଉଲ୍ଲିଖିତ ଯୌନ-ଉଦ୍ଦୀପନା ନେଇ ସମାଲୋଚିତ

ହୁଏ, ବିଶେଷ କରି ଲେଖକଙ୍କର ତରୁଣ ବୟସର ବିବେଚନାରେ। ଦୁଇଟିଯାକ ସାହିତ୍ୟକୃତି ସମାଦୃତ ହୁଏ ଏବଂ ବହୁ ଭାଷାରେ ଅନୂଦିତ ହୁଏ। ଏହି ଦଶକରେ ଦ୍ୱିତୀୟ ପୁସ୍ତକଟିର ଦଶଲକ୍ଷରୁ ଅଧିକ କପି ବିକ୍ରୟ ହୁଏ ଏବଂ ତାହା ନେରୁଦାଙ୍କର ଶ୍ରେଷ୍ଠ କୃତି ପାଲଟିଯାଏ। ୧୦୦ ବର୍ଷ ପରେ ବି ଏହି ବହିଟି ସ୍ପେନୀୟ ଭାଷାର ସର୍ବୋଚ୍ଚ ବିକ୍ରୀତ କବିତା ବହି ହିସାବରେ ତାର ସ୍ଥାନ ଅଧିକାର କରିଛି। ୨୦ ବର୍ଷ ବୟସରେ ନେରୁଦା ଜଣେ ସଫଳ ଆନ୍ତର୍ଜାତିକ କବି ହେବାର ଖ୍ୟାତି ଅର୍ଜନ କରନ୍ତି।

୧୯୨୬ ମସିହାରେ ନେରୁଦା "ତେନ୍ତାତିଭା ଦେଲ ଓମ୍ବ୍ରେ ଇନ୍‌ଫିନିତୋ (Venture of the Infinite man) ସଂକଳନ ଏବଂ 'ଏଲ ହାବିତାନ୍ତେ ଇ ସୁ ଏସ୍ପେରାଞ୍ଜା।" (The Inhabitant and His Hope) ଉପନ୍ୟାସ ପ୍ରକାଶ କରନ୍ତି। ୧୯୨୭ ମସିହାରେ ଆର୍ଥିକ ହତାଶାର କାରଣରୁ ସିଏ ବ୍ରିଟିଶ ଭାରତର ପ୍ରଦେଶ ହିସାବରେ ଦିଲ୍ଲୀରୁ ପରିଚାଳିତ ବ୍ରିଟିଶ ଉପନିବେଶ ବର୍ମାର ରାଜଧାନୀ ରେଙ୍ଗୁନରେ ସମ୍ମାନସୂଚକ କନ୍‌ସୁଲାର ପଦ ଗ୍ରହଣ କରନ୍ତି। ସିଏ ସେତେବେଳ ଯାଏ ରେଙ୍ଗୁନ ନାମକ ସ୍ଥାନଟିର ନାମ ଶୁଣି ନଥାନ୍ତି। ପରବର୍ତ୍ତୀକାଳରେ ସିଏ କଲମ୍ବୋ (ସିଲୋନ), ବାଟଭିୟା (ଜାଭା) ଏବଂ ସିଙ୍ଗାପୁରରେ କର୍ମରତ ଥିଲେ। ବାଟାଭିୟାରେ ରହୁଥିବା ସମୟରେ ସିଏ ଓଲନ୍ଦାଜ ବ୍ୟାଙ୍କରେ କାର୍ଯ୍ୟରତା ମାରିଇକା ଆନ୍ତୋନିୟେତା ହାଗେନାର ଭୋଗେଲାଙ୍ଗ (Maryka Antonienta Hagenaar Vogelzang) ଙ୍କ ସହିତ ପରିଚିତ ହୁଅନ୍ତି ଏବଂ ୬ ଡିସେମ୍ବର ୧୯୩୦ ମସିହାରେ ତାଙ୍କ ସହ ବିବାହ ବନ୍ଧନରେ ଆବଦ୍ଧ ହୁଅନ୍ତି। କୂଟନୈତିକ ଦାୟିତ୍ୱ ପାଳନକାଳରେ ନେରୁଦା ବହୁତ କବିତା ପଢ଼ନ୍ତି, ବିଭିନ୍ନ କବିତାର ଶୈଳୀ ସହିତ ପରିଚିତ ହୁଅନ୍ତି ଏବଂ " ପୃଥିବୀର ନିବାସ" (Residence on Earth) ର ପ୍ରଥମ ଦୁଇଖଣ୍ଡ ଲେଖନ୍ତି, ଯେଉଁଥିରେ ଅନେକ ପରାବାସ୍ତବ କବିତା ଅନ୍ତର୍ଭୁକ୍ତ।

କୁଟନୈତିକ ଓ ରାଜନୈତିକ ଜୀବନ

ଚିଲିକୁ ଫେରିବା ପରେ ନେରୁଦାଙ୍କୁ ବୁୟେନୋସ ଆଇରେସରେ କୂଟନୈତିକ ପଦ ଦିଆଯାଇଥିଲା ଏବଂ ପରେ ସ୍ପେନ୍‌ର ବାର୍ସେଲୋନାକୁ ପଠାଯାଆନ୍ତି। ପରବର୍ତ୍ତୀକାଳରେ ସିଏ ମାଦ୍ରିଦ୍‌ରେ ଗାବ୍ରିୟେଲା ମିସ୍ତ୍ରାଲଙ୍କ ସ୍ଥାନରେ ଅଭିସିକ୍ତ ହୁଅନ୍ତି। ସେଠାରେ ତାଙ୍କୁ ଘେରି କରି ପ୍ରାଣୋଚ୍ଛଳ ସାହିତ୍ୟ ମହଲ ପ୍ରସ୍ତୁତ ହୁଏ। ତାଙ୍କର ଏକମାତ୍ର କନ୍ୟା ମାଲଭା ମାରିନା (ତ୍ରିନିଦାଦ) ରେଇୟେସ ୧୯୩୪ ମସିହାରେ ଜନ୍ମ ଗ୍ରହଣ କରେ। ମାଲଭା ଛୋଟବେଳଠୁ ରୋଗବ୍ୟାଧିରେ ଜର୍ଜରିତା ଥିଲା, ବିଶେଷ

କରି ହାଇଡ୍ରୋସେଫାଲସରେ ଆକ୍ରାନ୍ତା ଥିଲା। ସିଏ ୧୯୪୩ ମସିହାରେ ମାତ୍ର ୯ବର୍ଷ ବୟସରେ ମୃତ୍ୟୁ ବରଣ କରେ। ମାଲଭା ତାର ଏହି ଛୋଟ ଜୀବନର ବେଶି ଭାଗ ସମୟ ନେଦରଲ୍ୟାଣ୍ଡରେ କଟାଏ। କାରଣ ନେରୁଦା ତାକୁ ଉପେକ୍ଷା ଓ ପରିତ୍ୟାଗ କରିବାରୁ ତା' ମାତା ସେମାନଙ୍କର ଭରଣପୋଷଣ ପାଇଁ ଯେକୌଣସି ଧରଣର କାର୍ଯ୍ୟ କରିବାକୁ ବାଧ୍ୟ ହୁଅନ୍ତି। ଏହି ସମୟରେ ନେରୁଦାଙ୍କର ତାଙ୍କ ସ୍ତ୍ରୀଙ୍କ ପାଖରୁ ବିବାହ ବିଚ୍ଛେଦ ହୁଏ ଏବଂ ତାଙ୍କଠାରୁ ବୟସରେ ୨୦ବର୍ଷ ବଡ଼ ଅଭିଜାତ ଅର୍ଜେଣ୍ଟେନୀୟ ନାରୀ ଶିଳ୍ପୀ ଦେଲିୟା ଦେଲ କାରିଲଙ୍କ ସହିତ ସମ୍ପର୍କ ସୃଷ୍ଟି କରନ୍ତି।

ସ୍ପେନର ଗୃହଯୁଦ୍ଧରେ ଲିପ୍ତ ହୋଇ ନେରୁଦା ରାଜନୈତିକ ହୋଇଯାନ୍ତି। ସ୍ପେନର ଗୃହଯୁଦ୍ଧ କାଳୀନ ତାଙ୍କର ପ୍ରତିଜ୍ଞା ଓ ଏହାର ଫଳାଫଳ ତାଙ୍କୁ ଗୋଟିଏ ଦିଗରେ କେନ୍ଦ୍ରୀଭୂତ କାର୍ଯ୍ୟରୁ ଦୂରେଇ ଦେଇ ସାମଷ୍ଟିକ କାର୍ଯ୍ୟାବଳୀରେ ମନଯୋଗୀ ହେବାକୁ ବାଧ କରେ। ନେରୁଦା ବାକି ଜୀବନରେ ଅତ୍ୟନ୍ତ ଉତ୍ସାହୀ କମ୍ୟୁନିଷ୍ଟରେ ପରିଣତ ହୁଅନ୍ତି। ତାଙ୍କର ସାହିତ୍ୟିକ ବନ୍ଧୁମାନେ ଏବଂ ଦେଲିୟା ଦେଲ କାରିଲଙ୍କର ବାମପନ୍ଥୀ ରାଜନୀତି ଏହି ସିଦ୍ଧାନ୍ତରେ ପ୍ରଭାବ ପକାଏ। କିନ୍ତୁ ସବୁଠାରୁ ପ୍ରଭାବକ ଜଣେ ନାୟକ ଫ୍ରାନ୍ସିସ୍କୋ ଫ୍ରାଙ୍କୋ (Francisco Franco) ଙ୍କର ପ୍ରତି ଅନୁଗତ ଦଳ କର୍ତ୍ତୃକ ଫେଡେରିକ ଗାର୍ସିୟା ଲୋର୍କା (Federico Garcia Lorca) ଙ୍କୁ ମୃତ୍ୟୁଦଣ୍ଡ ପ୍ରଦାନ। ନେରୁଦା ତାଙ୍କର ବକ୍ତୃତା ଓ ଲେଖନୀର ମାଧ୍ୟମରେ ସ୍ପେନୀୟ ପ୍ରଜାତନ୍ତ୍ର ପ୍ରତି ତାଙ୍କର ସମର୍ଥନ ଜଣାନ୍ତି, ବିଶେଷ କରି ଏସପାନା ଏନ ଏଲ କୋରାଜୋନ (୧୯୩୮) ପ୍ରକାଶର ମଧ୍ୟ ଦେଇ। ତାଙ୍କର ରାଜନୈତିକ ସମର୍ଥନ ପାଇଁ ସିଏ କନ୍‌ସଲ ପଦ ହରାନ୍ତି। ୧୯୩୭ ମସିହାର ଜୁଲାଇ ମାସରେ ସିଏ ସ୍ପେନର ଯୁଦ୍ଧକୁ ନେଇ ବୁଦ୍ଧିଜୀବୀମାନଙ୍କର ମନୋଭାବ ସଂପର୍କିତ ଆଲୋଚନା ପାଇଁ ଭାଲେନସିୟା, ବାର୍ସେଲୋନା ଓ ମାଡ୍ରିଡ୍‌ରେ ଅନୁଷ୍ଠିତ ଦ୍ୱିତୀୟ ଆନ୍ତର୍ଜାତିକ ଲେଖକ କଂଗ୍ରେସରେ ଅଂଶ ଗ୍ରହଣ କରନ୍ତି। ସେଠାରେ ଆନ୍ଦ୍ରେ ମାଲରୋ, ଅର୍ଣ୍ଣେଷ୍ଟ ହେମିଂୱେ ଏବଂ ଷ୍ଟିଫେନ ସ୍ପେଣ୍ଡାରଙ୍କ ସହିତ ଅସଂଖ୍ୟ ଲେଖକ ଉପସ୍ଥିତ ଥିଲେ।

ଭୋଗେଲାଙ୍ଗଙ୍କ ସହିତ ନେରୁଦାଙ୍କର ବୈବାହିକ ସମ୍ପର୍କରେ ଫାଟ ପଡ଼େ ଏବଂ ୧୯୪୩ ମସିହାରେ ମେକ୍ସିକୋରେ ସେ ଦୁହିଁଙ୍କର ବିବାହ ବିଚ୍ଛେଦ ଘଟେ। ତାଙ୍କର ବିବାହବିଚ୍ଛେଦ ପ୍ରାପ୍ତ ସ୍ତ୍ରୀ ସ୍ପେନର ବୈରତାରୁ ମୁକ୍ତି ପାଇବାକୁ ତାଙ୍କର ଅସୁସ୍ଥ କନ୍ୟାକୁ ନେଇ ମେଣ୍ଟେକାର୍ଲୋ ଏବଂ ତା ପରେ ନେଦରଲ୍ୟାଣ୍ଡକୁ ଚାଲିଯାନ୍ତି। ସେ ଦୁହିଁଙ୍କର ଆଉ କେବେ ଦେଖା ହୋଇନି। ସ୍ତ୍ରୀଙ୍କ ସହିତ ବିବାହବିଚ୍ଛେଦ ପରେ ନେରୁଦା ଫ୍ରାନ୍ସରେ ଦେଲିୟା ଦେଲ କାରିଲଙ୍କ ସହିତ ବସବାସ କରନ୍ତି ଏବଂ ୧୯୪୩

ମସିହାରେ ତେତେକାଲାରେ ତାଙ୍କୁ ବିବାହ କରନ୍ତି । ତେବେ ଚିଲିର କର୍ତ୍ତୃପକ୍ଷ ତାଙ୍କର ଏହି ନୂତନ ବିବାହକୁ ସ୍ୱୀକୃତି ଦିଅନ୍ତିନି, କାରଣ ଭୋଗେଲାଗଙ୍କ ସହିତ ବିବାହବିଚ୍ଛେଦ ଅବୈଧ ବୋଲି ବିବେଚିତ ହୋଇଥିଲା ।

୧୯୩୮ ମସିହାରେ ପେଡ୍ରୋ ଆଗିରେ ସେର୍ଦା (pedro Agurre cerda) ଙ୍କର ରାଷ୍ଟ୍ରପତି ନିର୍ବାଚନ ପରେ ନେରୁଦା ପ୍ୟାରିସ୍‌ରେ ସ୍ପେନୀୟ ଅପ୍ରବାସୀ (immi-grant) ମାନଙ୍କ ପାଇଁ ବିଶେଷ କନ୍‌ସଲ ଭାବରେ ନିଯୁକ୍ତିପ୍ରାପ୍ତ ହୁଅନ୍ତି । ସେଠାରେ ସିଏ ଅବହେଳିତ କ୍ୟାମ୍ପ ସମୂହରେ ଫରାସୀମାନଙ୍କ ଦ୍ୱାରା ଅଟକକୃତ ୨୦୦୦ ସ୍ପେନୀୟ ଶରଣାର୍ଥୀଙ୍କୁ ଇଉନିପେଗ ନାମକ ଗୋଟିଏ ପୁରୁଣା ଜାହାଜରେ ଚିଲିକୁ ସ୍ଥାନାନ୍ତରଣର ଦାୟିତ୍ୱ ପାଳନ କରନ୍ତି । ନେରୁଦାଙ୍କ ବିରୁଦ୍ଧରେ ପ୍ରାୟ ଅଭିଯୋଗ ଉଠେ ଯେ ସିଏ ଯେଉଁ ପ୍ରଜାତନ୍ତ୍ରର ପକ୍ଷରେ ଲଢ଼ାଇ କରିଥିଲେ ସେମାନଙ୍କୁ ବାଦ୍ ଦେଇ କେବଳ ସହକର୍ମୀ ସାମ୍ୟବାଦୀମାନଙ୍କର ଦେଶତ୍ୟାଗକୁ ବାଛି ନିଅନ୍ତି । ଜର୍ମାନୀର ଆକ୍ରମଣ ଓ ଦଖଲ ସମୟରେ ଅନେକ ରିପବ୍ଲିକାନ ଏବଂ ଅରାଜକବାଦୀ ନିହତ ହୋଇଥିଲେ । ଅନ୍ୟମାନେ ମନେ କରନ୍ତି, ନେରୁଦା ୨୦୦୦ ଶରଣାର୍ଥୀମାନଙ୍କ ମଧ୍ୟରୁ ମାତ୍ର କିଛି ଶହଙ୍କୁ ବାଛି ନେଇଥିଲେ ।

ମେକ୍ସିକୋରେ ପଦଗ୍ରହଣ

ନେରୁଦାଙ୍କର ପରବର୍ତ୍ତୀ କୂଟନୈତିକ ପଦ ଥିଲା ୧୯୪୦ରୁ ୧୯୪୩ ମସିହା ପର୍ଯ୍ୟନ୍ତ ମେକ୍ସିକୋ ସିଟିର କନ୍‌ସଲ ଜେନେରାଲ ହିସାବରେ । ସେଠାରେ ଥିବା ସମୟରେ ସିଏ୍ ଦେଲିୟା ଦେଲ କାରିଲଙ୍କୁ ବିବାହ କର ନ୍ତି ଏବଂ ଜାଣିବାକୁ ପାଆନ୍ତି ଯେ ତାଙ୍କର ୯ ବର୍ଷର କନ୍ୟା ମାଲଭା ନାଜି ଅଧିକୃତ ନେଦରଲ୍ୟାଣ୍ଡରେ ମୃତ୍ୟୁ ବରଣ କରିଛି ।

୧୯୪୦ ମସିହାରେ ଲିଓନ ଟ୍ରଷ୍ଟସ୍କି (Leon Trotsky) ଙ୍କ ଉପରେ ଗୁପ୍ତ ହତ୍ୟାର ପ୍ରଚେଷ୍ଟା ବ୍ୟର୍ଥ ହେବାପରେ, ଏହି ପ୍ରଚେଷ୍ଟାର ସହିତ ଜଡ଼ିତ ବୋଲି ଅଭିଯୁକ୍ତ ମେକ୍ସିକାନ ଚିତ୍ରଶିଳ୍ପୀ ଡେଭିଡ୍ ଆଲ୍‌ଫାରୋ । ସେକେଇରୋସ (David Alfaro sigueiros) ଙ୍କ ପାଇଁ ଚିଲିର ଭିସା ବ୍ୟବସ୍ଥା କରନ୍ତି । ଏହା ଫଳରେ ସେ ସମୟରେ ଜେଲ୍‌ରେ ଆବଦ୍ଧ ସିକେଇରୋସ ମେକ୍ସିକୋରୁ ଚିଲିକୁ ଯବାର ସୁଯୋଗ ପାଆନ୍ତି ଏବଂ ସେଠାରେ ସିଏ ନେରୁଦାଙ୍କର ଗୋପନ ନିବାସରେ ଅବସ୍ଥାନ କରନ୍ତି । ନେରୁଦାଙ୍କର ସହାୟତା ଫଳରେ ସକେଇରୋସ ଗୋଟିଏ ବର୍ଷ ଗୋଟେ ମ୍ୟୁରାଲ ଅଙ୍କନରେ କଟାଇ ଦିଅନ୍ତି । ସିକେଇରୋସଙ୍କ ସହିତ ନେରୁଦାଙ୍କର ସମ୍ପର୍କ

ସମାଲୋଚନାର ଜନ୍ମ ଦିଏ, କିନ୍ତୁ ନେରୁଦା ଜଣେ ଗୁପ୍ତଘାତକର ସାହାଯ୍ୟରେ ଅଭିଯୋଗଟି ଖାଇଜ କରିଦିଅନ୍ତି।

ଚିଲିକୁ ପ୍ରତ୍ୟାବର୍ତ୍ତନ

୧୯୪୦ ମସିହାରେ ଚିଲିକୁ ପ୍ରତ୍ୟାବର୍ତ୍ତନ ପରେ ନେରୁଦା ପେରୁ ଭ୍ରମଣରେ ଯାଆନ୍ତି ଏବଂ ସେଠାରେ ସିଏ ମାଚ୍ଛୁପିଚ୍ଛୁ ଦର୍ଶନ କରନ୍ତି। ତାଙ୍କର ଏହି ମାଚ୍ଛୁପିଚ୍ଛୁ ଭ୍ରମଣର ଅଭିଜ୍ଞତା ତାଙ୍କୁ ୧୨ଖଣ୍ଡରେ ରଚିତ କବିତା ବହି "ଆଲତୁରାସ ଦେ ମାଚ୍ଛୁପିଚ୍ଛୁ" (Alturas de macchupicchu) ଲେଖିବାର ଅନୁପ୍ରେରଣା ଯୋଗାଏ, ଯାହା ସିଏ ୧୯୪୫ ମସିହାରେ ସମାପ୍ତ କରନ୍ତି। ଏଥିରେ ଆମେରିକାର ପ୍ରାଚୀନ ସଭ୍ୟତା ପ୍ରତି ତାଙ୍କର ଗଭୀର ଆଗ୍ରହର ପ୍ରକାଶ ଦେଖାଯାଏ। ସିଏ ଏହି ବିଷୟବସ୍ତୁ "ସାଧାରଣ ଗୀତିକା" (canto General) ବହିରେ ୧୯୫୦ ମସିହାରେ ପ୍ରକାଶ କରନ୍ତି। ଆଲୁତରାସରେ ନେରୁଦା ମାଚ୍ଛୁପିଚ୍ଛିର ଅର୍ଜନଗୁଡ଼ିକୁ ନେଇ ଉଦ୍‌ଯାପନ କରନ୍ତି ଏବଂ ଦାସତ୍ୱର ନିନ୍ଦା କରନ୍ତି। କ୍ୟାଣ୍ଟୋ-୧୨ରେ ସିଏ ବିଭିନ୍ନ ଶତାବ୍ଦୀର ମୃତମାନଙ୍କର ପୁନର୍ଜନ୍ମର ଆହ୍ୱାନ ଜଣାନ୍ତି ଏବଂ ତା ମଧ୍ୟଦେଇ କଥା କହିବାକୁ କହନ୍ତି। ଲାଟିନ୍ କବି ଓ ମ୍ୟାସାଚୁସେଟ୍ସର ଆମହର୍ଷ୍ଟ ବିଶ୍ୱବିଦ୍ୟାଳୟର ସୃଜନଶୀଳ ଲେଖନୀର ଅଧ୍ୟାପକ ମାର୍ଟିନ ଏସ୍‌ପାଦା (Martin Espada) ଏହି ସାହିତ୍ୟ କୃତିକୁ ଶ୍ରେଷ୍ଠକୃତି ବୋଲି ଅଭିହିତ କରି କହିଛନ୍ତି, "ଏହାଠୁ ଆଉ ଅଧିକ ଶ୍ରେଷ୍ଠ କୌଣସି ରାଜନୈତିକ କବିତା ନାହିଁ।"

କମ୍ୟୁନିଜିମ୍

ସ୍ପେନର ଗୃହଯୁଦ୍ଧର ଅଭିଜ୍ଞତାରେ ଅନୁପ୍ରାଣିତ ନେରୁଦା ତାଙ୍କ ପ୍ରଜନ୍ମର ଅନେକ ବାମପନ୍ଥୀ ବୁଦ୍ଧିଜୀବୀମାନଙ୍କର ପରି ଜୋସେଫ ଷ୍ଟାଲିନଙ୍କର ସୋଭିଏତ୍ ଇଉନିୟନର ପ୍ରଶଂସା କରନ୍ତି। ଆଂଶିକ ନାଜି ଜର୍ମାନୀକୁ ପରାଜିତ କରିବାରେ ତାଙ୍କ ଭୂମିକା ଏବଂ ଆଂଶିକ ମାର୍କ୍ସବାଦୀ ନୀତିର ଆଦର୍ଶ ଉପସ୍ଥାପନା ପାଇଁ। ଏହି ବିଷୟରେ ତାଙ୍କର କାଣ୍ଟୋ ଦେ ଆ ଷ୍ଟାଲିନଗ୍ରାଡ (୧୯୪୨) ଓ ନୁଯେଭୋ କ୍ୟାଣ୍ଟୋ ଦେ ଆମୋର ଆ ଷ୍ଟାଲିନଗ୍ରାଡ (୧୯୪୩) କବିତାରେ ପ୍ରତିଫଳିତ ହୁଏ। ୧୯୫୦ ମସିହାରେ ନେରୁଦା ଷ୍ଟାଲିନ ଶାନ୍ତି ପୁରସ୍କାର ଲାଭ କରନ୍ତି। ସେହି ବର୍ଷ ଷ୍ଟାଲିନ୍‌ଙ୍କ ମୃତ୍ୟୁ ପରେ ନେରୁଦା ତାଙ୍କୁ ନେଇ ଗୋଟିଏ ଶୋକଗାଥା ରଚନା କରନ୍ତି ଏବଂ ଫୁଲହେନସିଓ ବାତିସ୍ତାଙ୍କ ପ୍ରଶଂସାରେ "ସାଲୁଦୋ ଆ ବାତିସ୍ତା" କବିତା ଏବଂ ପରବର୍ତ୍ତୀ କାଳରେ ଫିଡେଲ୍ କାଷ୍ଟ୍ରୋଙ୍କୁ ନେଇ କବିତା ଲେଖନ୍ତି। ତାଙ୍କ ଐକାନ୍ତିକ ଷ୍ଟାଲିନବାଦ ପାଇଁ ତାଙ୍କର

ଦୀର୍ଘକାଳର ବନ୍ଧୁ ଅକ୍ଟାଭିଓ ପାଜ୍‌ଙ୍କ ସହିତ ତାଙ୍କର ଦୂରତ୍ୱ ସୃଷ୍ଟି ହୁଏ। ପାଜ୍ କହନ୍ତି, "ନେରୁଦା ଅଧିକତର ଷ୍ଟାଲିନବାଦୀ ହୋଇ ଉଠନ୍ତି, ଅନ୍ୟ ଦିଗରେ ମୁଁ ଷ୍ଟାଲିନଙ୍କ ପ୍ରତି ଆହୁରି କମ୍ ଆସକ୍ତ ହୋଇଯାଏ।" ୧୯୩୯ ମସିହାରେ ନାଜି-ସୋଭିଏତ୍ ରିବେନଟ୍ରପ-ମଲଟୋଭ ଚୁକ୍ତିର ପରେ ସେ ଦୁହିଁଙ୍କର ଏହି ମତାନୈକ୍ୟ ଦୂର ହଏ ଯେତେବେଳେ ସେ ଦୁହେଁ ଷ୍ଟାଲିନଙ୍କୁ ନେଇ ଚୁକ୍ତି ତର୍କରେ ଲିପ୍ତ ହୁଅନ୍ତି। ପାଜ୍ ସେତେବେଳେ ନେରୁଦାଙ୍କ ନେଇ ଚୁକ୍ତି ତର୍କରେ ଲିପ୍ତ ହୁଅନ୍ତି। ପାଜ୍ ସେତେବେଳେ ନେରୁଦାଙ୍କୁ "ତାଙ୍କ ପ୍ରଜନ୍ମର ସର୍ବଶ୍ରେଷ୍ଠ କବି" ବୋଲି ଗଣ୍ୟ କରନ୍ତି। ଆଲେକଜାଣ୍ଡର ସିଆଲଦେନିତିସ (Alexander sialdenitis) ତାଙ୍କର ଗୋଟିଏ ପ୍ରବନ୍ଧରେ ଲେଖିଛନ୍ତି ଯେ ଯେତେବେଳେ "ନେରୁଦା ଓ ଅନ୍ୟାନ୍ୟ ବିଖ୍ୟାତ ଷ୍ଟାଲିନବାଦୀ ଲେଖକ ଓ କବିମାନଙ୍କ କଥା ଚିନ୍ତାକରେ, ଇନ୍‌ଫାର୍ଣ୍ଣୋର କିଛି ପୃଷ୍ଠା ପଢ଼ିବା ପରି ମୋ ଲୋମ ଠିଆ ହୋଇଯାଏ।"

୧୯୪୫ ମସିହା ଜୁଲାଇ ୧୫ ତାରିଖରେ ବ୍ରାଜିଲ୍‌ର ସାଓ ପାଓଲାର ପାସେମ୍ବୁ ଷ୍ଟେଡିୟମରେ ନେରୁଦା ଲକ୍ଷେ ଲୋକଙ୍କ ଆଗରେ କମ୍ୟୁନିଷ୍ଟ ବିପ୍ଳବୀ ନେତା ଲୁଇସ କାର୍ଲେସ ପ୍ରେଷ୍ଟେସାଙ୍କ ସମ୍ମାନରେ ଗୋଟିଏ ବକ୍ତୃତା ଦିଅନ୍ତି। ଏହାଛଡ଼ା ନେରୁଦା ଭ୍ଲାଦିମିର ଲେନିନ୍‌ଙ୍କୁ "ଏହି ଶତାବ୍ଦୀର ଶ୍ରେଷ୍ଠ ପ୍ରତିଭାବାନ ବ୍ୟକ୍ତି" ବୋଲି ଅଭିହିତ କରନ୍ତି। ୧୯୪୬ ମସିହାର ଜୁନ୍ ୫ ତାରିଖରେ ଗୋଟିଏ ବକ୍ତୃତାରେ ସିଏ ମୃତ ସୋଭିଏତ୍ ନେତା ମିଖାଇଲ କାଲିନିନ୍ (Mikhail Kalinin) ଙ୍କ ପ୍ରତି ଶ୍ରଦ୍ଧା ଜଣାଇ କହନ୍ତି ସିଏ ନେରୁଦାଙ୍କ ପାଖରେ "ଶ୍ରେଷ୍ଠ ଭବିଷ୍ୟତ ନିର୍ମାତା" ଏବଂ "ଲେନିନ୍ ଓ ଷ୍ଟାଲିନ୍‌ଙ୍କର କମ୍ରେଡ୍" ଥିଲେ।

ନେରୁଦା ପରବର୍ତ୍ତୀ କାଳରେ ସୋଭିଏତ ଇଉନିୟନ ପ୍ରତି ଅନୁରାଗ କାରଣରୁ ଦୁଃଖ ପ୍ରକାଶ କରି କହନ୍ତି, "ସେହି ଦିନଗୁଡ଼ିକରେ ଷ୍ଟାଲିନ୍ ଆମର ଜଣେ ବିଜୟୀ ବୋଲି ମନେ ହେଉଥିଲେ ଯିଏ ହିଟ୍‌ଲର୍‌ର ସେନାବାହିନୀକୁ ପରାଜିତ କରିଥିଲେ।" ୧୯୫୭ ମସିହାରେ ଚୀନ୍ ଭ୍ରମଣକାଳରେ ନେରୁଦା ଲେଖିଛନ୍ତି, "ଚିନୀ ବିପ୍ଳବର ପ୍ରକ୍ରିୟାରୁ ଆମକୁ ଯାହା ବିଚ୍ଛିନ୍ନ କରିଛି ସିଏ ମାଓତ୍‌ସେତୁଂ ନୁହନ୍ତି, ବରଂ ତାହା ମାଓତସେତୁଂବାଦ। ସିଏ ମାଓତ୍‌ସେତୁଂଙ୍କୁ "ସାମ୍ୟବାଦୀ ଦେବତାର ଧର୍ମୀୟ ଆଚରଣର ପୁନରାବୃତ୍ତି" ବୋଲି ଉଲ୍ଲେଖ କରନ୍ତି। ଷ୍ଟାଲିନ୍‌ଙ୍କ ପ୍ରତି ମୋହଭଙ୍ଗ ହେଲେ ବି ନେରୁଦାଙ୍କର କମ୍ୟୁନିଷ୍ଟ ତତ୍ତ୍ୱ ଉପରେ ଯେଉଁ ବିଶ୍ୱାସ ଥିଲା ତାହା ସିଏ ହରାଇ ନାହାନ୍ତି ଏବଂ ସେହି ଦଳ ପ୍ରତି ସିଏ ଅନୁଗତ ଥିଲେ।

୧୯୪୫ ମସିହାର ମାର୍ଚ୍ଚ ୮ ତାରିଖ ଦିନ ନେରୁଦା ଆତାକାମା ମରୁଭୂମି

(Atacama Desert) ର ଆଣ୍ଟୋଫାଗାସ୍ତା (Antofagasta) ଓ ତାରାପାସା (Tarapaca) ର ଉତ୍ତର ପ୍ରଦେଶର କମ୍ୟୁନିଷ୍ଟ ସିନେଟର୍ ହିସାବରେ ନିର୍ବାଚିତ ହୁଅନ୍ତି। ସରକାରୀ ଭାବରେ ସିଏ ଚାରିମାସ ପରେ କମ୍ୟୁନିଷ୍ଟ ଦଳରେ ଯୋଗ ଦିଅନ୍ତି। ୧୯୪୬ ମସିହାରେ ର୍‌ୟାଡିକାଲ ପାର୍ଟି (Redical party) ର ରାଷ୍ଟ୍ରପତି ପାର୍ଥୀ ଗାବ୍ରିୟେଲ ଗୋନସାଲ୍‌ଭେସ ଭିଦେଲା (Gabriel Gonzalez videla) ଙ୍କୁ ସମର୍ଥନ ଦିଅନ୍ତି ଏବଂ ନେରୁଦା ଐକାନ୍ତିକ ଭାବରେ ତାଙ୍କ କାମ କରନ୍ତି। ଅଫିସ୍‌ରେ ବସିବା ପରେ ୧୯୪୮ ମସିହାରେ ଭିଦେଲା ଚିଲିରେ କମ୍ୟୁନିଷ୍ଟ ଦଳ ବନ୍ଦ କରିବା ପାଇଁ ଡାକ ଦିଅନ୍ତି ଏବଂ ଗଣତନ୍ତ୍ରର ସ୍ଥାୟୀ ପ୍ରତିରକ୍ଷା ଆଇନ ଜାରି କରନ୍ତି।

୧୯୫୯ ମସିହାରେ ନେରୁଦା ଭେନେଜୁୟାଲାର ସେଣ୍ଟ୍ରାଲ ୟୁନିଭର୍‌ସିଟି କର୍ତ୍ତୃକ ଫିଦେଲ କ୍ୟାଷ୍ଟ୍ରୋଙ୍କୁ ପ୍ରଦତ୍ତ ସମ୍ମାନର ସ୍ୱାଗତ ଅନୁଷ୍ଠାନରେ ଉପସ୍ଥିତ ଥିଲେ ଏବଂ ସିଏ ଶିକ୍ଷାର୍ଥୀମାନଙ୍କ ସହିତ କଥାବାର୍ତ୍ତା ହୁଅନ୍ତି ଏବଂ କ୍ୟାଣ୍ଟୋ ଆ ବଲିଭାର (canto a Bolivar) ପାଠ କରି ଶୁଣାନ୍ତି। ନେରୁଦା ଯାହା କହିଥିଲେ ଲୁଇସ ବାୟେସ ତାର ସାରାଂଶରେ ସବୁକଥା ଲେଖିଛନ୍ତି।

୧୯୬୦ ଦଶକରେ ଶେଷ ଭାଗରେ ଆର୍ଜେଣ୍ଟିନାର ଲେଖକ ହୋର୍ହେ ଲୁଇସ୍ ବୋର୍ହେସଙ୍କୁ ପାବ୍ଲୋ ନେରୁଦାଙ୍କ ସମ୍ପର୍କରେ ତାଙ୍କର ମତାମତ ଦେବାପାଇଁ କୁହାଯାଇଥିଲା। ବୋର୍ହେସ କହନ୍ତି, "ମୁଁ ମନେକରେ ସିଏ ଜଣେ ଭଲ କବି, ଜଣେ ଖୁବ୍ ଭଲ କବି। ମୁଁ ବ୍ୟକ୍ତି ହିସାବରେ ତାଙ୍କର ପ୍ରଶଂସା କରୁନି, ମୁଁ ମନେ କରେ ସିଏ ଜଣେ ଖୁବ୍ ଖରାପ ମଣିଷ।" ସିଏ କହନ୍ତି ନେରୁଦା ଆର୍ଜେଣ୍ଟିନାର ରାଷ୍ଟ୍ରପତି ହୁୟାଦ ପେରୋନଙ୍କ ବିରୁଦ୍ଧରେ କିଛି କହି ନାହାନ୍ତି କାରଣ ସିଏ ତାଙ୍କର ଖ୍ୟାତିକୁ ନେଇଥିଲେ। ଏହା ଛଡ଼ା ସିଏ କହନ୍ତି, "ମୁଁ ଜଣେ ଆର୍ଜେଣ୍ଟିନାର କବି ଥିଲି, ସିଏ ଥିଲେ ଚିଲିର କବି, ସିଏ କମ୍ୟୁନିଷ୍ଟଙ୍କ ପକ୍ଷରେ ଥିଲେ, ମୁଁ ଥିଲି ସେମାନଙ୍କର ବିପକ୍ଷରେ। ତେଣୁ ମୁଁ ମନେ କରେ ସିଏ ଖୁବ୍ ଚତୁରତାର ସହିତ ସାକ୍ଷାତ ଏଡ଼ାଇ ଗଲେ କାରଣ ତାହା ଆମ ଦୁହିଁଙ୍କ ପାଇଁ ଖୁବ୍ ଅସ୍ୱସ୍ତିକର ହୋଇଥାନ୍ତା।"

ବିବାହ ଓ ପରିବାର

ବାଟାଭିଆରେ ଥିବାବେଳେ ୬ଡିସେମ୍ବର ୧୯୩୦ ମସିହାରେ ନେରୁଦା ଜଣେ ହଲାଣ୍ଡର ମହିଳା, ଡଚ୍ ବ୍ୟାଙ୍କର କର୍ମଚାରିଣୀ, ମାରିଜ୍‌କେ ଆଣ୍ଟୋନିତା ହାଗେନାର ଭୋଜେଲଜାଙ୍ଗ (Marijke Antonieta Hagennar Vogelzang) ଙ୍କ ସହିତ ବିବାହ ବନ୍ଧନରେ ବାନ୍ଧି ହୋଇଗଲେ। ତାଙ୍କଠାରୁ ଏକମାତ୍ର କନ୍ୟା ମାଲ୍‌ଭା

ମାରିନା ତ୍ରିନିଦାଦ୍ ରେଇୟେସ (Malva Marina Trinidad Reyes) ମାଦ୍ରିଦ୍‌ରେ ଜନ୍ମ ଗ୍ରହଣ କରେ ୧୯୩୪ ମସିହାରେ। ମାଲ୍‌ଭା ପିଲାଟି ଦିନରୁ ରୁଗ୍‌ଣା ଥିଲା। ତା ମାଆଙ୍କଠାରୁ ପିତାଙ୍କର ବିବାହ ବିଚ୍ଛେଦ (ଯାହା ୧୯୪୨ ମସିହାରେ ହେଲା) ପରେ ୧୯୪୩ ମସିହାରେ ହାଇଡ୍ରୋସେଫାଲସ୍ ରୋଗରେ ଆକ୍ରାନ୍ତ ହୋଇ ମାତ୍ର ୯ବର୍ଷ ବୟସରେ ତା'ର ମୃତ୍ୟୁ ହୋଇଥିଲା।

୧୯୪୩ ମସିହାରେ ଆର୍ଜେଣ୍ଟିନାବାସିନୀ ଏବଂ ପ୍ରସିଦ୍ଧ ଶିଳ୍ପୀ, ଡେଲିଆ ଡେଲ କାରିଲ (Delia del carril) ଯିଏ ତାଙ୍କଠାରୁ ବୟସରେ ୨୦ବର୍ଷ ବଡ଼ ଥିଲେ, ତାଙ୍କ ସହିତ ନେରୁଦାଙ୍କର ଦ୍ୱିତୀୟ ବିବାହ ହୋଇଥିଲା। ୧୯୫୫ ମସିହାରେ ଦୁହିଁଙ୍କ ମଧ୍ୟରେ ବିବାହ ବିଚ୍ଛେଦ ଘଟିଥିଲା।

ଯଦିଧ ୧୯୫୫ ମସିହାରେ ତାଙ୍କର ଦ୍ୱିତୀୟ ପତ୍ନୀ ସହ ବିବାହ ବିଚ୍ଛେଦ ଘଟିଲା, ତେବେ ସ୍ୱଦେଶ ଗାୟିକା ମାତିଲ୍‌ଦେ ଉର୍‌ରୁତିଆ (matilde urrutia)ଙ୍କ ସହିତ ୧୯୬୬ ମସିହାରେ ନେରୁଦାଙ୍କର ବିବାହ ହୁଏ। ସିଏ ଥିଲେ ନେରୁଦାଙ୍କର ତୃତୀୟ ପତ୍ନୀ। ୫ଜାନୁୟାରୀ ୧୯୮୫ ମସିହାରେ ତାଙ୍କର ମୃତ୍ୟୁ ହୋଇଥିଲା।

ପୁରସ୍କାର ଓ ସମ୍ମାନ

୧୯୫୦ ମସିହାରେ ନେରୁଦାଙ୍କୁ ଆନ୍ତର୍ଜାତିକ ଶାନ୍ତି ପୁରସ୍କାର (International peace prize) ମିଳିଥିଲା। ତା'ର ୩ବର୍ଷ ପରେ ୧୯୫୩ ମସିହାରେ ସିଏ ପାଇଥିଲେ ଷ୍ଟାଲିନ୍ ଶାନ୍ତି ପୁରସ୍କାର (stalin peace prize)। ଚିଲିର ରାଷ୍ଟ୍ରଦୂତ ହୋଇ ନେରୁଦା ପ୍ୟାରିସ୍‌କୁ ଯିବା ପରେ, ସେଠାରେ ଅବସ୍ଥାନ କାଳରେ ତାଙ୍କର ସର୍ବୋଚ୍ଚ ମର୍ଯ୍ୟାଦାର ସ୍ୱୀକୃତି ନୋବେଲ ପୁରସ୍କାର ତାଙ୍କୁ ମିଳିଲା ୧୯୭୧ ମସିହାରେ।

ଶେଷ ଜୀବନ ଓ ମୃତ୍ୟୁ

୧୯୭୦ ମସିହାରେ ନେରୁଦା ଚିଲିର ରାଷ୍ଟ୍ରପତି ପଦ ପାଇଁ ମନୋନିତ ହୁଅନ୍ତି। କିନ୍ତୁ ସିଏ ସାଲ୍‌ଭାଦୋର ଆଲନ୍ଦେ (Salvador Allende)ଙ୍କୁ ସମର୍ଥନ ଦେଇ ନିଜର ମନୋନୟନ ପ୍ରତ୍ୟାହାର କରନ୍ତି। ଆଲନ୍ଦେ ପରବର୍ତ୍ତୀ କାଳରେ ନିର୍ବାଚନରେ ଜୟଲାଭ କରନ୍ତି ଏବଂ ୧୯୭୦ ମସିହାରେ ଚିଲିର ପ୍ରଥମ ଗଣତାନ୍ତ୍ରିକ ଭାବେ ନିର୍ବାଚିତ ସମାଜତାନ୍ତ୍ରିକ ରାଷ୍ଟ୍ରପ୍ରଧାନ ଭାବରେ ଅଭିଷିକ୍ତ ହୁଅନ୍ତି। ଏହାର କିଛି ଦିନ ପରେ ଆଲନ୍ଦେ ନେରୁଦାଙ୍କୁ ଚିଲିର ରାଷ୍ଟ୍ରଦୂତ ନିଯୁକ୍ତ କରନ୍ତି, ଯାହାର ମିୟାଦ ଥିଲା ୧୯୭୦ ରୁ ୧୯୭୨ ପର୍ଯ୍ୟନ୍ତ। ଏହା ଥିଲା ତାଙ୍କର ସର୍ବଶେଷ କୂଟନୈତିକ ନିଯୁକ୍ତି। କିନ୍ତୁ

ପ୍ୟାରିସ୍‌କୁ ଯିବାର କିଛଇ ମାସ ପରେ ତାଙ୍କର ସ୍ୱାସ୍ଥ୍ୟହାନି ଘଟିବାକୁ ଲାଗିଲା । ନେରୁଦା ଭଗ୍ନସ୍ୱାସ୍ଥ୍ୟ ନେଇ ଅଢ଼େଇବର୍ଷ ପରେ ଚିଲିକୁ ଫେରି ଆସନ୍ତି ।

ଅଗଷ୍ଟୋ ପିନୋଚୋ(August pinochet)ଙ୍କ ଶାସନ ଅମଳରେ ନେରୁଦା ୧୯୭୩ ମସିହା ସେପ୍ଟେମ୍ବର ମାସରେ କ୍ୟାନ୍‌ସରରେ ଆକ୍ରାନ୍ତ ହୁଅନ୍ତି । ତାଙ୍କର ମନେ ହୋଇଥିଲା କୌଣସି ଜଣେ ଡାକ୍ତର ପିନାଚେଙ୍କ ଆଦେଶରେ ତାଙ୍କୁ ଇଂଜେକ୍‌ଶନ୍ ମାଧ୍ୟମରେ ହତ୍ୟା କରିବାର ପରିକଳ୍ପନା କରିଥିଲେ । ନେରୁଦା ୧୯୭୩ ମସିହା ୨୩ ସେପ୍ଟେମ୍ବର ଦିନ ଇସ୍‌ଲା ନେଗ୍ରାରେ ଥିବା ତାଙ୍କ ନିଜ ଘରେ ହୃଦ୍ ରୋଗରେ ଆକ୍ରାନ୍ତ ହୋଇ ମୃତ୍ୟୁ ବରଣ କରନ୍ତି ।

ମୃତ୍ୟୁ ପୂର୍ବରୁ ନେରୁଦାଙ୍କ ପାଇଁ ତିଆରି କରାଯାଇଥିଲା କଫିନ୍ । ସେହି କଫିନ୍‌ର ରଂଗ ଥିଲା ଧଳା, ତାହା ନେରୁଦାଙ୍କର ପସନ୍ଦ ହେଲାନି । ନେରୁଦା କହିଲେ- "ଧଳା ହେଉଛି ଶୂନ୍ୟତାର ପ୍ରତୀକ- କିଛି ନ ପାଇବାର ପ୍ରତୀକ-ଅର୍ଥାତ୍ ଧାନକଟା ଶୂନ୍ୟ କ୍ଷେତ ବା ରିକ୍ତତାର ପ୍ରତୀକ ।" ତାଙ୍କର ପସନ୍ଦ ହେଲା ଲାଲ କଫିନ୍ ଏବଂ କଫିନ୍ ସହିତ ଶେଷ ଆଚ୍ଛାଦନ ଲାଲକନା । ଲାଲ ଯେ ସଂଗ୍ରାମର ପ୍ରତୀକ, ବିପ୍ଳବର ପ୍ରତୀକ । ଜୀବନେ-ମରଣେ ଚାଲିବ ବିପ୍ଳବ, ଚାଲିବ ସଂଗ୍ରାମ । ମୃତ୍ୟୁର ସଂଗୀତରେ ଧ୍ୱନିତ ହେବ ବିପ୍ଳବ ଜିନ୍ଦାବାଦ୍ ।

ଦୁଃଖର ବିଷୟ ସାମରିକ ଶାସକ-ନେରୁଦାଙ୍କର ଶେଷ ଇଚ୍ଛା ପୂରଣ କଲେନି । ଗୋଟିଏ ଅତୀବ ସାଧାରଣ ଜୀର୍ଣ୍ଣ କଫିନ୍‌ରେ ପାଣିରେ ବୁଡ଼ିଥିବା କର୍ଦ୍ଦମାକ୍ତ ରାସ୍ତାର କଡ଼ରେ ତାଙ୍କୁ ରଖାଗଲା । ସାମରିକ ଶାସକଙ୍କର ପରୱାନା ଜାରିହେଲା-ପାଞ୍ଚଜଣରୁ ଅଧିକ ବ୍ୟକ୍ତି କଫିନ୍‌ରେ ଆଗରେ ରହିବେନି-କୌଣସି ଶୋକ ସଂଗୀତ ବା ସ୍ଲୋଗାନ୍ ଚାଲିବନି ଏବଂ ଏମିତି କି 'କମ୍ରେଡ୍' ଶବ୍ଦଟି ଉଚ୍ଚାରଣ କରାଯିବନି ।

କିନ୍ତୁ କମ୍ରେଡ୍ ନେରୁଦା, ବିପ୍ଳବୀ ନେରୁଦା, ଜନଗଣଙ୍କର ପ୍ରତିନିଧି ପାବ୍ଲୋ ନେରୁଦା ଯେ ଜନଗଣବନ୍ଦିତ ବିପ୍ଳବୀ ପୁରୁଷ ! ତାଙ୍କ ସ୍ଥାନ ତ କଫିନ୍ ଭିତରେ କୌଣସି କବରରେ ନୁହେଁ-ସାଧାରଣ ମଣିଷର, ଜନଗଣଙ୍କର ହୃଦୟରେ ତାଙ୍କର ସ୍ଥାନ । ତେଣୁ ଜନଗଣଙ୍କର ହୃଦୟକୁ ଚିରି ସେଦିନ ଅଲକ୍ଷ୍ୟରେ ଗୋଟିଏ ମାତ୍ର ସ୍ଲୋଗାନ ବାହାରିଲା-

'କମ୍ରେଡ୍ ପାବ୍ଲୋ ନେରୁଦା-ଦୀର୍ଘଜୀବନ ଲାଭ କରନ୍ତୁ !'

ଉତ୍ତରାଧିକାର

ଚିଲିରେ ନେରୁଦାଙ୍କର ତିନୋଟି ଘର ଥିଲା । ବର୍ତ୍ତମାନ ସମୟରେ କେତୋଟି

ଜାଦୁଘର ହିସାବରେ ଜନସାଧାରଣଙ୍କ ପାଇଁ ଉନ୍ମୁକ୍ତ, ସେଗୁଡ଼ିକ ହେଲା ସାଣ୍ଟିଆଗୋରେ ଅବସ୍ଥିତ ଲା ସାଚକୋନା, ଭାଲପାରାଇସୋରେ ଅବସ୍ଥିତ ଲା ସେବସ୍ତିୟାନା ଏବଂ ଇସ୍‌ଲା ନେଗ୍ରାରେ ଅବସ୍ଥିତ କାସା ଦେ ଇସ୍‌ଲା ନେଗ୍ରା, ଯେଉଁଠି ତାଙ୍କର ଓ ମାତିଲ୍‌ଦେ ଉର୍‌ରୁତିଆଙ୍କର ସମାଧି ରହିଛି ।

ୱାଶିଂଗଟନ୍ ଡି.ସି.ରେ ଅର୍ଗାନାଇଜେଶନ୍ ଅଫ ଆମେରିକାନ୍ ଷ୍ଟେଟ୍ସ ଭବନ (organisation of American states Building)ର ଚତ୍ୱରରେ ନେରୁଦାଙ୍କର ଗୋଟିଏ ଆବକ୍ଷମୂର୍ତ୍ତି ରହିଛି ।

BLACK EAGLE BOOKS

www.blackeaglebooks.org
info@blackeaglebooks.org

Black Eagle Books, an independent publisher, was founded as a nonprofit organization in April, 2019. It is our mission to connect and engage the Indian diaspora and the world at large with the best of works of world literature published on a collaborative platform, with special emphasis on foregrounding Contemporary Classics and New Writing.

www.ingramcontent.com/pod-product-compliance
Lightning Source LLC
Chambersburg PA
CBHW060602080526
44585CB00013B/656
* 9 7 8 1 6 4 5 6 0 5 6 9 0 *